JN007686

誰も教えてくれなかった**基礎のキソ**

新版

棒針編み
困ったときに
開く本

松村 忍 & ［hao］

新星出版社

Contents

動画 マークのある基本の編み方は動画でも解説しています。ページ内に掲載の QRコードをスマホで読み取るか、ページ下のURLにアクセスしてください。

超親切 **本当に知りたかった 基礎のキソ**

超親切 **これだけ知っていれば だいたいの作品は編める! テクニックガイド**

超実践

編む手順をしっかり覚えよう
セーター ナビゲーション

保存版 知りたいときにすぐ調べられる！
編み目記号事典

超便利

棒針編みのこんな「困った！」はありませんか？

本書では、「本を見てもわからない！」という編みもの初心者さんのリアルな悩みにクローズアップ！
これまでの編みものの本より、基礎のキソのQ&Aをずっとたくさん紹介しています。

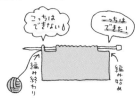

あなたの「困った！」が「納得！」に変わりますように！

超親切

本当に
知りたかった

基礎のキソ

「この作品が編みたい！」と、編みものの本を買ってきても
編み方はもちろん、書かれていることの意味もよくわからない……と、
挫折した経験はありませんか？
本当に知りたいのは、もっともっと基礎的なこと！　というお悩みに応えるべく、
棒針編みの基礎のキソを丁寧に解説しました。

編む前に知っておきたいこと

用具と材料のそろえ方にもコツがあります

用具について

棒針

- **素材** 竹製、金属製、樹脂製などがある。
- **太さ** 太さは号数で表記され、数字が大きくなるほど太くなる。ミリ表示の超極太用ジャンボ針もある。
- **種類** 2本針、4本針、輪針などがあり、編むアイテムによって使い分ける。

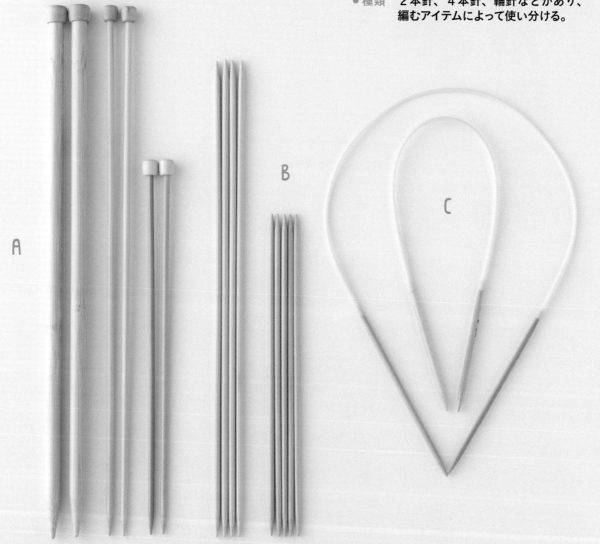

A

B

C

A 玉付2本棒針

最も一般的なタイプの棒針。ショールなどを往復編み(16ページ)で編むときに使う。編み目がはずれないよう片側に玉がついている。ミニマフラーなどの小物作りに便利な、長さの短いものもある。左はジャンボ針。

B 4本(5本)棒針

棒の両端とも尖っていて、セーターのえりや帽子など、輪に編むときに使う。ゴムキャップ(7ページ)を使って玉付棒針と同じように使うこともできる。長さの短いものは、くつ下や手袋など目数の少ない作品を編むときに便利。

C 輪針

2本の棒針をビニールコードでつないだ針で、主に輪編みに使う。コードの長さは数種あり、作品のサイズに合わせて使い分ける。

その他の用具

D かぎ針

針先がかぎ状になっている針。作り目やとじはぎ*、間違えて編んだ部分を補修するときなどに必要なので、棒針の太さに合わせたものを用意する。両端がサイズの違うかぎになっている両かぎ針もある。

E とじ針

糸を傷めないよう針先が丸くなった毛糸専用の針。糸始末やとじはぎ*に使う。数種類の太さがセットになったものを購入するのがおすすめ。

F まち針

太くて針先が丸くなっている毛糸専用のものを用意する。アイロンをかけたり、とじはぎ*をするときに必要。

G アイロン仕上げ用ピン

針先が曲がったU字状のピン。アイロンかけの際に、編み地をしっかり固定できる。

H メジャー

サイズを測るときの必需品。

I ほつれ止め

えりぐりや肩など、目を一旦針からはずすときに通しておくもの。

J ゴムキャップ

棒針の先にはめて編み目が針からはずれないようにしておくもの。4本針の片端につけて玉付棒針のように使うこともできる。

K 編目リング

目数を数える目印に棒針に通して使う。輪編みの段の最初の目や、模様編みを入れる位置に通しておくと便利。目数リングなど他の呼び方もある。

*とじはぎ　とじたりはいだりすることを、まとめてこう呼ぶ。「とじる」とは、段と段をつなぐこと（74ページ）。「はぐ」とは目と目、目と段をつなぐこと（71ページ）。

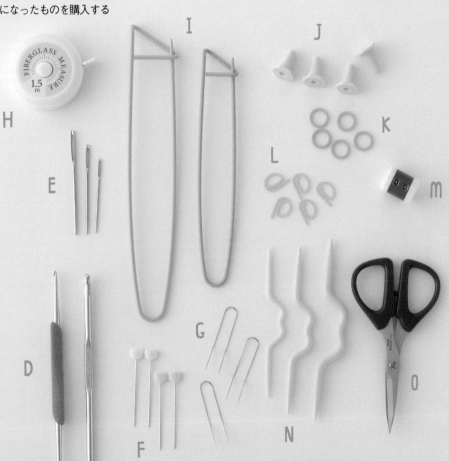

L 段目リング

編み目に引っかけて、段数の目印にする。段数マーカーなど他の呼び方もある。

M 編目カウンター

1段編むごとにカウンターを回し、いま編んでいる段数をチェックできる便利グッズ。棒針に通して使う。

N なわ編み針

なわ編みなど交差編みをするときは、この針に休めておく目を移す。中央がくぼんでいるので、編み目が抜けにくい。

O はさみ

糸始末などに必要。

とじ針に毛糸を通す方法

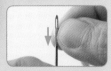

糸端を、とじ針をはさむように折り、とじ針をそのまま下へ抜く。

糸の折り山を押し込むようにしながら、針穴から出し、そのまま引き出す。

糸について

糸の太さと対応する針の太さの目安

細

糸の太さ		対応する針の太さ

 **極細**（ごくぼそ）…… 0〜2号針

 合細（あいぼそ）…… 2〜4号針

 中細（ちゅうぼそ）…… 3〜4号針

 合太（あいぶと）…… 4〜5号針

 **並太**（なみぶと）…… 6〜8号針

 極太（ごくぶと）…… 9〜14号針

 超極太（ちょうごくぶと）…… 15号〜ジャンボ針

太

※同じタイプの太さでも、糸によって差があるので、糸玉のラベルを見て適正針を選びましょう。

糸の種類と素材

種類

ストレートヤーン
直線状の糸で初心者におすすめの編みやすい糸。

スラブヤーン
太さに変化を持たせてより合わせた糸。ところどころに節がある。

ファンシーヤーン
独特な風合いを出すための加工をほどこした糸。遊び心のある、肌触りのよい糸が多い。

素材

ウール
羊毛で紡がれた秋冬用の一般的な素材。

化繊
アクリルなど。発色がよいので、色数も豊富。ウールとの混紡もある。

コットン
春夏ものやベビーものに使われる。

麻
春夏ものや雑貨などを編むのにも適している。

糸端の引き出し方

糸玉の中に指を入れて、中心にある糸端を引き出す。小さな糸のかたまりごと出てくるときもあるが、その中に糸端があるので大丈夫。

ラベルが糸玉の中を通っている場合は、ラベルをはずしてから糸を引き出す。

コットン糸など硬い紙筒の芯に巻かれた糸は、外側から糸端を引き出す。糸玉は、ビニール袋などに入れて使うと、転がりにくく汚れ防止にもなる。

ラベルは情報の宝庫

ラベルには多くの情報が表示されているので、少なくとも作品が完成するまでは捨てずにとっておきましょう。

品質
素材が書かれている。

重量と糸長（いとちょう）
糸玉の重さと、糸の長さ。同じ並太タイプで、同じ重さでも糸長が異なることもある。同じグラム数なら糸長が長いほうが糸は細い。

参考使用針
糸に適した棒針、かぎ針の号数。

標準ゲージ
適した針で編んだ場合の標準的なゲージ（35ページ）。棒針はメリヤス編み、かぎ針は長編みで編んだときのゲージ。

| 品　質 | ウール〈WO〉…100%（エクストラファインメリノ使用） | 参考使用針 | 棒　針　6〜8号 かぎ針　5/0 |
| 標準状態重　量 | 40g（糸長約80m） | 標準ゲージ | 棒針 18〜19目・25〜26段 かぎ針（長編み）17目 9段 |

0071-302　A
色番 302　ロット

色番号とロット
その毛糸の色を表すのが色番号。糸を染色した釜を表す記号がロット。ロットが変わると色番号が同じでも微妙に色が異なる場合もあるので、買い足すときは同じロットの糸を選ぶ。

取り扱い方法
洗濯やアイロンの際の適した方法が書かれている。

使用針.ハマナカ アミアミ 手あみ針
↑矢印の方向へ糸を引き出してお編みください。
中性洗剤使用
製造発売元 ハマナカ株式会社 京都市右京区花園薮ノ下町2番地の3 TEL 075(463)5151(代) http://www.hamanaka.co.jp/
万一事故品がありましたら、ラベルを添えて、お求め先でお取り換え下さい。

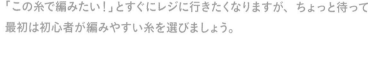

編みやすいのはどんな糸？

手芸屋さんに行ったら、素敵な糸がいっぱい。
「この糸で編みたい！」とすぐにレジに行きたくなりますが、ちょっと待って！
最初は初心者が編みやすい糸を選びましょう。

基礎のキソ

● 編みやすいのはどんな糸？

ふわふわ毛糸

編んでみたら…

肌触り、気持ちいい！

目数・段数が数えられない！

手触りも風合いも素敵ですが、毛足が長い糸は目数・段数を数えるのが至難の業。編み目が不ぞろいでも目立たない、という利点もあります。

極細毛糸

編んでみたら…

繊細な作品が編めそう！

10cm角を編むのに34目44段！

上のふわふわ毛糸と編み地の大きさは同じですが、あちらは14目18段。この糸で大きな作品を編むのはかなり根気が必要です。細過ぎる糸では初心者は挫折してしまうことも。

色の濃い並太毛糸

編んでみたら…

カッコイイ！彼のセーターにいいかも！

目数・段数が数えにくい！

ストレートの並太毛糸なので、編みやすいのはメリット。ただ色が暗く濃い糸も編み目が見えにくいので、目数・段数を数えるのが大変です。

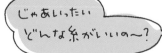

じゃあいったいどんな糸がいいの〜？

初心者に
やさしいのは

明るい色の並太〜
極太毛糸

この糸ならバッチリ
おススメだよ！

編んでみたら…

・編みやすい
・目数・段数が数えやすい
・糸の種類や色数が豊富

などメリットがいっぱい。
最初は、このような初心者が
編みやすい糸で編んでみてく
ださい。

● 編みやすいのはどんな糸？　● 毛糸はどこで買う？

毛糸はどこで買う？

毛糸の購入先は、メリットとデメリットを考えて
上手に使い分けましょう。
初心者ほど、手芸店を利用するのがおススメです。

手芸店	インターネット通販	100円均一ショップ
◎ 実物を見て選べる	◎ 自宅で手軽に注文できる	◎ 身近で安価なので気軽に購入できる
◎ 店員さんに相談できる	◎ 価格やサービスを比較して買える	◎ かわいいファンシーヤーンが安い
◎ レシピをもらえたり、編みもの講習をやっているお店も	△ 実物を見て選べない　色や素材が思っていたものと異なることも	△ 糸長が短い　大物を作ると割高になることも
△ シーズン外の糸は店頭にないこともある	△ 送料や到着までに時間がかかる	△ 追加購入が難しい　取り寄せに時間がかかったり複数色セットになっていて、ほしい色だけを買えないことも

この糸
かわいい〜

毛糸選びの質問や相
談が直接できる手芸
店は、初心者の強い
味方！　的確なアド
バイスをもらえるよ
う、作り方の載った
本などを持って行っ
て相談しましょう。

ほしい毛糸の品名や色番号が分か
っている場合は、積極的に利用し
たいインターネット通販。近くに
手芸店がない、買いに行く時間が
ないときに、自宅に届くので便利
です。

少量の毛糸を安価に買える「100
均」は、小物作りにピッタリ！
流行を取り入れたお手頃なファン
シーヤーンが多いので、キッズ向
けの作品にも向いています。

初めの一歩は「作り目」から

編み地を作るときに必要な最初の目を「作り目」といいます。
ここではもっともよく使う「指でかける作り目」と「あとでほどく作り目」を紹介します。
その他の方法は42ページを見てください。

その他の方法は42ページを見てください。

指でかける作り目

特徴 どんな編み地にも使えるごく一般的な方法
特徴 ほどよい伸縮性がある

動画でチェック
指でかける
作り目

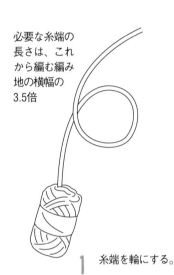

必要な糸端の
長さは、これ
から編む編み
地の横幅の
3.5倍

1 糸端を輪にする。

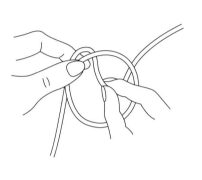

2 輪の交差した部分を左手で押さえ、輪の内側から糸端をつまんで引き出す。

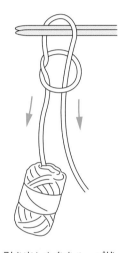

3 引き出した糸をループ状にし、図のように棒針を2本入れる。

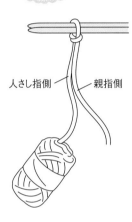

人さし指側　　親指側

4 糸を引っ張って輪を引きしめる。これが1目めになる。

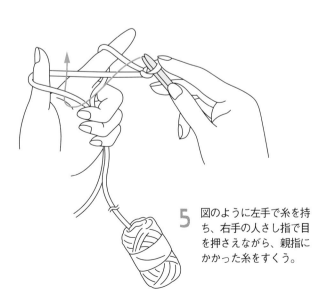

5 図のように左手で糸を持ち、右手の人さし指で目を押さえながら、親指にかかった糸をすくう。

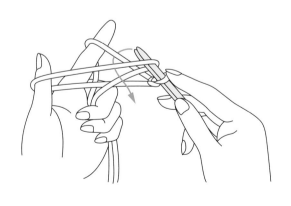

6 人さし指の糸をかけながら、矢印のように輪にくぐらせる。

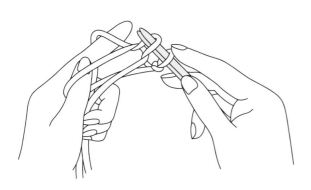

7 くぐらせたところ。

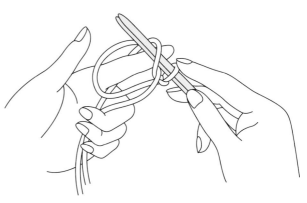

8 左手の親指にかかっている糸をはずす。

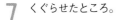

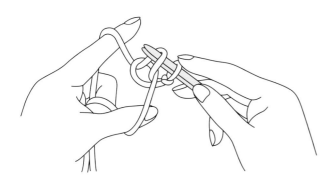

9 親指に糸をかけて引き、目を引きしめる。
5〜9をくり返して必要目数を作る。

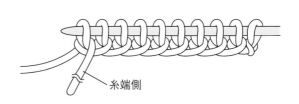

糸端側

10 棒針を1本はずし、作り目の完成。1
段めが編めた状態。

あとでほどける作り目

ここに セーターのそで口やすそなど、
あとからゴム編みなどを編み出す箇所に

動画でチェック
あとで
ほどける作り目

裏山

別糸

1 別糸(コットンなどすべりのよい糸)で必
要目数をくさり編みし(14ページ参照)、
編み終わりの目の裏山に針を入れる。

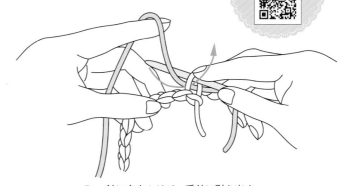

2 針に糸をかけて、手前に引き出す。

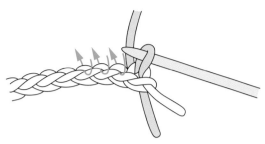

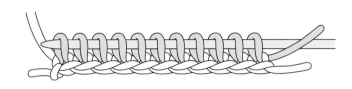

3 ２をくり返し、必要目数を拾う。

4 必要目数を拾い、作り目の完成。１段めが
編めた状態。

※「あとでほどける作り目からの拾い目」の方法は62ページ参照。

| 動画でチェック |

くさり編み

くさり編み（かぎ針）

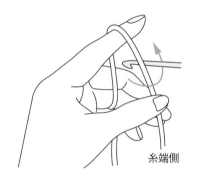

糸端側

1 図のように糸を左手に持ち、か
ぎ針を向こうから手前に向けて
矢印の方向に回す。

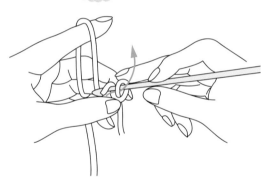

2 糸が交差した部分を親指と中指
で押さえ、糸を針にかけて針に
かかったループから引き抜く。

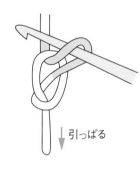

↓引っぱる

3 糸端を引きしめる。この部分は
目数に数えない。

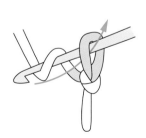

4 針を糸にかけ、矢印の方向に引
き抜く。

1目め

5 ４をくり返す。

表　くさり編みを10目編んだ状態。

裏山

裏　くさりの中央をつなぐように見
えている部分を「裏山」と呼ぶ。

基本の編み方を覚えよう

「表編み」と「裏編み」がすべての基礎になります

「目」って何？「段」って何？

棒針に糸をかけて、引き出すことでできるのが「目」。
目を1列編んだら「段」になります。

棒針編みは、左の針にかかっている糸に右針を入れ、
糸をかけて引き出しながら編み進めます。糸を引き出
してそれを右針に移したものが「目」。赤糸が1目です。

左の針にかかっている目を全部編んで
右針に移したら「1段」が完成します。

「目」が1列編まれて「段」になり、
「段」を編み重ねることで作品を形作っていきます。

針と糸の持ち方

正しく針と糸を持つことは、きれいに編むための
基本です。代表的な持ち方には糸を左手にかける
フランス式と、糸を右手にかけるアメリカ式があ
り、この本はフランス式で説明しています。

| 動画でチェック |
棒針と糸の
持ち方

| 左手の糸のかけ方 | 針の持ち方 |

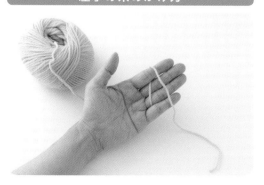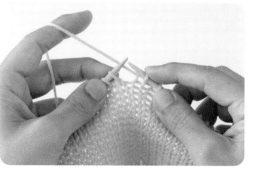

左手に糸をかけ、針は
左右とも上から中指と
親指で持ち、くすり指
と小指を軽く添える。
左手は人さし指で糸を
張り、中指で右端の目
を押さえたり、送り出
したりする。

表編みと裏編み

棒針編みの基本になる編み方です。
表編みで編んだ目を「表目」、裏編みで編んだ目を「裏目」といいます。

「表目」は裏から見ると「裏目」に、
「裏目」は裏から見ると「表目」になっています。

くるり

同じ編み目の表と裏なんだよ

表目（おもてめ）｜

| 動画でチェック |

表目

1 糸を左針の向こうにおく。

2 右針を目の手前から入れる。

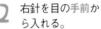

3 右針に糸をかけ、手前に引き出す。

4 左針から糸をはずす。表目が1目編めた。

棒針編みは、常に**右から左に**編み進みます（左利きの場合は逆）。2本針で編む場合は、1段編んだら編み地を返し、裏側を見て、また右から左に編み進み、次の段では再び編み地を表に返して編みます（**往復編み**）。

裏目（うらめ）ー

| 動画でチェック |

裏目

1 糸を左針の手前に置く。

2 右針を目の向こうから入れる。

3 右針に糸をかけ、向こうに引き出す。

うまく糸をかけられないときは…

左手の人さし指でかけた糸を下げるとやりやすい

4 左針から糸をはずす。裏目が1目編めた。

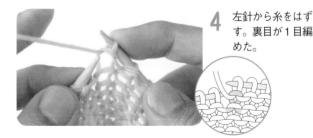

表目 http://www.shin-sei.co.jp/bou04.mp4   裏目 http://www.shin-sei.co.jp/bou05.mp4

記号図の表し方

編み方を記号に置きかえたものが編み目記号。
実際の編み方を編み目記号で表したものを記号図といいます。
記号図は編み地を表から見たときの編み目記号が描かれています。

基礎のキソ
● 記号図の表し方

メリヤス編み

表目だけでできた編み地を「メリヤス編み」といいます。

裏メリヤス編み

裏目だけでできた編み地を「裏メリヤス編み」といいます。

記号図		┃ =表目　─ =裏目

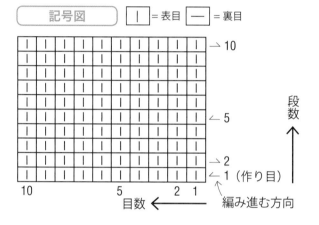

段数

目数 ← 　編み進む方向

記号図		┃ =表目　─ =裏目

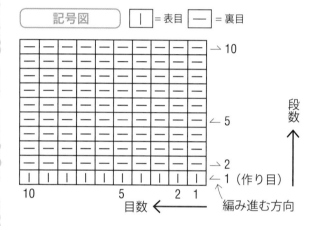

段数

目数 ← 　編み進む方向

編み方

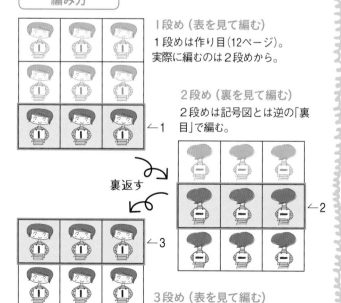

1段め（表を見て編む）
1段めは作り目（12ページ）。
実際に編むのは2段めから。

2段め（裏を見て編む）
2段めは記号図とは逆の「裏目」で編む。

裏返す

3段め（表を見て編む）
3段めは「表目」を編む。以下、奇数段は記号図通り、偶数段は記号図と逆の裏目で編む。

編み方

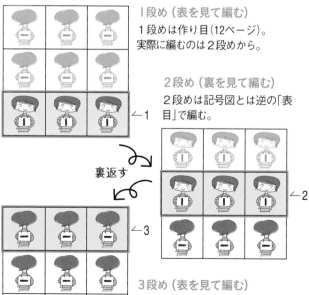

1段め（表を見て編む）
1段めは作り目（12ページ）。
実際に編むのは2段めから。

2段め（裏を見て編む）
2段めは記号図とは逆の「表目」で編む。

裏返す

3段め（表を見て編む）
3段めは「裏目」を編む。以下、奇数段は記号図通り、偶数段は記号図と逆の表目で編む。

17

表編みと裏編みで作る、棒針編みの代表的な編み地

表編みと裏編みの組み合わせでできる編み方の中で、メリヤス編み、裏メリヤス編み以外の代表的な編み方がこちら。4つの編み地はすべて同じ目数・段数で編んでいますが、それぞれの特徴から、こんなに大きさや形が違ってきます。

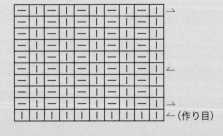

1目（ひとめ）ゴム編み

表目と裏目を1目ごとに交互に繰り返した編み地で、横方向に伸縮性がある。メリヤス編みに比べ目がゆるくなりやすいため、セーターのえりやそで口などでは、身ごろより2号程度細い針で編む。

2目（ふため）ゴム編み

表目と裏目を2目ごとに交互に繰り返した編み地で、横方向に伸縮性がある。1目ゴム編みより、うねが太い分、地厚に仕上がる。1目ゴム編みと同様、身ごろより2号程度細い針で編む。

この4つの編み方は
覚えておくといいのね

● 表編みと裏編みで作る、棒針編みの代表的な編み地…ガーター編み／かのこ編み

ガーター編み

表目と裏目を1段ずつ交互に繰り返した編み地。
往復編みでは、偶数段も奇数段も表目だけを編む。
メリヤス編みに比べ、1目の高さが低い。編み地
の端が丸まらないので縁編みなどにも使われる。

かのこ編み

表目と裏目を目、段とも交互に繰り返した編み地。
1目1段ごとに繰り返す「1目かのこ編み（写真）」、
2目2段ごとに繰り返す「2目かのこ編み」などが
ある。かのこ編みも、編み地の端は丸まらない。

←(作り目)

←(作り目)

糸の替え方

しま模様など途中で色を替えるときや、
新しい糸玉に替えるときの方法です。

編み地の端で替える

1 新しい糸を左手にかけて針を持つ。元の糸と新しい糸の端はゆるまないよう右手で持つとよい。

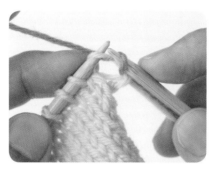

2 右針で新しい糸を編む。

3 左針から糸をはずす。新しい糸がついた。元の糸と新しい糸の糸端は、糸始末用にそれぞれ10cmほど残しておく。

編み地の途中で替える

1 新しい糸を左手にかけて針を持つ。元の糸は編み地の裏で休ませ、新しい糸の糸端はゆるまないよう右手で押さえる。

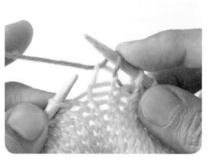

2 右針で新しい糸を編んで、左針からはずす。新しい糸がついた。元の糸と新しい糸の糸端は、糸始末用にそれぞれ10cmほど残しておく。

糸端の始末

編み終わってから、残しておいた糸端どうしを交差させ、編み目にくぐらせて始末する（83ページ「糸始末」）。

セーターの各部の名称

セーターを編むときには、それぞれのパーツごとに編み、最後につなぎ合わせて仕上げをします。パーツの名称を覚えておきましょう。また、それぞれの部分の寸法や部分を表す名称も、合わせて覚えておくと便利です。

プルオーバー

ウエアの一番基本系のかぶりタイプのセーター。一般的には、前身ごろ、後ろ身ごろ、右そで、左そでの4つのパーツで構成されています。

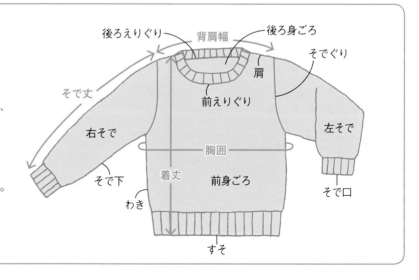

お悩みQ&A

Q いま編んでいるのは何段め？

段数の数え方がよくわかりません。いま何段めを編んでいるのか、メモし忘れちゃうことも多くて…。

A 目 の数を縦に数えましょう。

針にかかったループ が編まれて1段ができます。目は の形をしていますが、表と裏で見え方が違い、表からは のように水色に塗った部分だけが見え、裏はピンクの部分だけが見えます。いま編んでいる段数を知るにはこの水色またはピンクの部分の数を縦に数えましょう。針にかかっている目も1段、作り目も1段と数えるので、図は10段めが編み終わったところです。

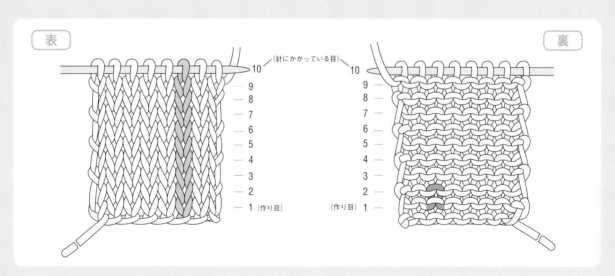

便利グッズを活用しよう

マフラーなど段数の多い作品は、50段ごと、100段ごとなどキリのいい段に段目リングをつけておくと、何度も1段めから数える手間が省けます。編目カウンターを利用するのもいいですね。増減目のある作品やなわ編みなど模様編みの作品は、何段めでその操作をするかをあらかじめ書き出したチェックシート（125ページ）を用意して、1段編むたびにチェックしていく方法もおすすめです。

お悩みQ&A

Q これって正しく編めてる?

正しく編めているのか、自信がありません。あとから「間違ってた!」と気づくのもイヤだし…。

A こまめにチェック! 急がば回れ。

こまめに編み地を確認することが、編み直しを減らし、きれいに編む近道にもなります。

チェック! 編み方が正しいか?

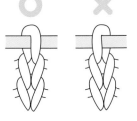

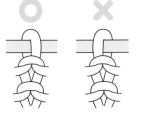

針にかかっているループの右側の糸が針の手前にある状態が正しい編み目です。糸のかけ方を間違えたり、針から外れた目を戻すときに逆向きに入れてしまうと、ループの左側の糸が針の手前にきてしまうので気をつけましょう。

チェック!

段数は正しいか?

作り目＝1段めです。2段めは裏を見て編みましたか? 表を見て編んでいるときは奇数段、裏を見て編んでいるときは偶数段になっているか確認しましょう。

チェック!

目数が増減していないか?

目を落としたり、不要な糸を引っかけて目が増えていませんか? 慣れないうちは1段1段確認しながら編み進めましょう。

チェック!

サイズ通りに編めているか?

まず5cmほど編んだら、本のサイズ通りに編めているかメジャーで測ってみましょう。編んでいる途中も、こまめにサイズを確認しましょう。

間違えたときの ほどきかたや直し方は
p.23〜 に 載ってるよ

お悩みQ&A

Q 間違えました！
どうすればいい〜!?

A 小さな間違いなら、
全部ほどかずに直せます。

---

❶ 同じ段で間違えました

✕ 表目と裏目を逆に編んでしまいました。

✕ かけ目（99ページ）して目が増えちゃってました。

間違えたところまでほどきましょう。

表目

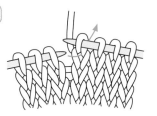 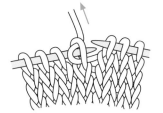 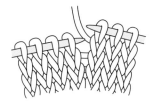

1 手前から前段の目に左針を入れ、右針にかかった糸をはずす。

2 1ではずした糸を引っ張ってほどく。

3 1、2の手順で間違えたところまでほどく。

裏目

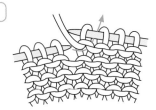 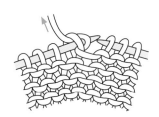 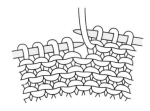

1 手前から前段の目に左針を入れ、右針にかかった糸をはずす。

2 1ではずした糸を引っ張ってほどく。

3 1、2の手順で間違えたところまでほどく。

次ページに続く ➡

❷ 下の段で間違えました

ここ！

✕

表目と裏目を逆に編ん
でいました。

しまったー！

かぎ針を使って間違えた目だけほどきましょう

表目の場合

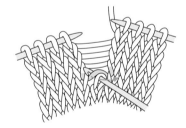

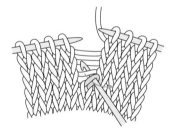

1 間違えた目の真上の編んでいる段から針を抜き、渡り糸を引き上げながら縦にほどいていく。

2 間違えた段までほどけたら、下の段の目にかぎ針を入れて渡り糸に針をかけ、矢印のように目を引き出す。

3 同様にくり返しながら上の段まで1段1段、目を引き出していく。

裏目の場合

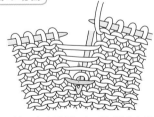

渡り糸を手前にして矢印のよう
に引き出していく。

お悩み Q&A

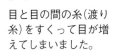
目と目の間の糸（渡り糸）をすくって目が増えてしまいました。

1目針から抜けていました（目を落とす）。

目を落としてしまった場合は、落とした目にかぎ針を入れ、左ページと同じように、渡り糸を引き出しながら直します。目が増えていた場合は、増えた目から針を抜き、左ページの縦に目をほどく要領で、間違えた目までほどきます。目数が変わることで、目を落とした場合は編み目がきつく、増えた場合は目がゆるくなるので、編み地の両端を引っ張って、目の大きさがそろうように調整しましょう。それでも編み目の乱れが直らないときは、下記のように間違えた段までほどいて編み直すのが無難です。

❸ 2目以上続けて間違えました

なわ編みの途中で編み方を間違えました。編み目が交差しているので、間違えた目だけほどくのは困難です。

ほどいた糸はアイロンで直しましょう

ほどいた糸は、まるでインスタントラーメンのようにウネウネ…。焦りますが、これはスチームアイロンの蒸気をあてれば元に戻るのでご安心を。きれいに仕上げるには、"ラーメン"のまま編むのはNGです。

間違えた段までほどきましょう　　表目の場合　　裏目の場合

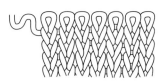
1 針を抜いて糸を引っ張ってほどく。

2 矢印の向きで針を入れて目を針に戻す。

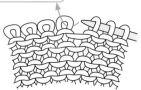
矢印の向きで針を入れて目を針に戻す。

25

Q 目が不ぞろいです。

編んだものを見ても、何だか目の大きさが不ぞろいでテンションが下がります…。

A 多少の不ぞろいは気にしないで^ ^

もちろん編み目はそろっているほうがいいのですが、機械編みではなく手編みなのですから、多少不ぞろいでも気にせず、まずは編むことを楽しみましょう。初心者の編み目が不ぞろいになる原因をいくつか挙げてみたので参考にしてください。

目が小さくなる場合

針にかかった目を左右に動かしてみて、スムーズに動かない場合は目が小さ過ぎます。

原因 針先だけで編んでいませんか？

編み目の大きさは編み針の太さで決まるため、針先だけで編んでいると目が小さくなってしまいます。編み針は一番太いところまで編み目に入れるようにしましょう。

原因 左手で糸を強く握り過ぎていませんか？

左手の小指には、糸を必要なだけ送り出す役目があります。左手の糸の滑りが悪い場合は、糸をかける箇所を少なくして、写真のように持ってみましょう。

目が大きくなる場合

編み地と針との間にすき間ができるのはゆる過ぎ。ゆるめに編むと、とくに目が不ぞろいになってしまいます。

原因 左手の糸がゆるんでいませんか？

糸を左手の小指でしっかりはさめていないと、目がゆるくなってしまいます。左手の糸が滑るときは、写真のように小指に糸をひと巻きしてみましょう。

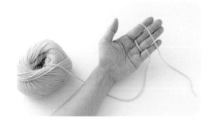

編み方ページの見方、教えます

本に載っている作品を編むときに、
理解しなくてはならない編み方ページの見方を徹底解説！

編み方ページに書かれているのはこんなこと

編み方説明

編み方ページの最初に書かれている部分。用意するもの、ゲージなどの情報に加え、図には書かれていない編み方手順などがくわしく書かれています。編み始める前によく読んで、手順を把握しておきましょう。

材料
糸…リッチモア スペクトルモデム（40g玉巻）オレンジ色（17）430g
用具／ハマナカ アミアミ玉付・2本針　8号、6号、特長・4本針　6号、8/0号かぎ針、とじ針
ゲージ／メリヤス編み18目、24段が10cm角
でき上がり寸法／胸囲96cm　着丈57cm　背肩幅37cm　そで丈54.5cm

編み方
● 糸は1本どりで編みます。
● 前後身ごろとそでは、あとでほどく作り目をして、メリヤス編みで編みます。作り目をほどき、すそとそで口に2目ゴム編みを編んで、2目ゴム編み止めをします。肩を引き抜きはぎにし、えりぐりから拾い目して、えりを2目ゴム編みを輪に編んで2目ゴム編み止めをします。わきとそで下をすくいとじにし、そでを引き抜きとじでつけます。

編み図

各パーツの全体図に、作品の目数・段数や目の増減、サイズなどが書かれている。「製図」と呼ぶこともある。編み図のくわしい見方は ➡ 28ページ〜。

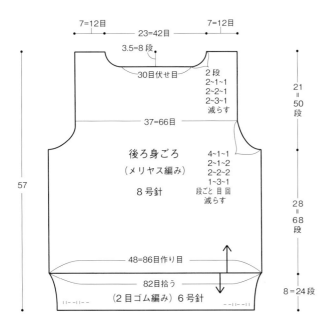

記号図

1目1段を1マスとして、編み方を編み目記号で表した方眼図。記号図のくわしい見方は ➡ 30ページ〜。

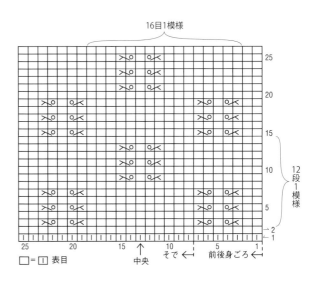

編み図の見方

87ページ掲載の、セーターの後ろ身ごろの編み図を例に、図の中の表記の仕方や記号の意味などをくわしく解説します。

往復編みの編み図の見方

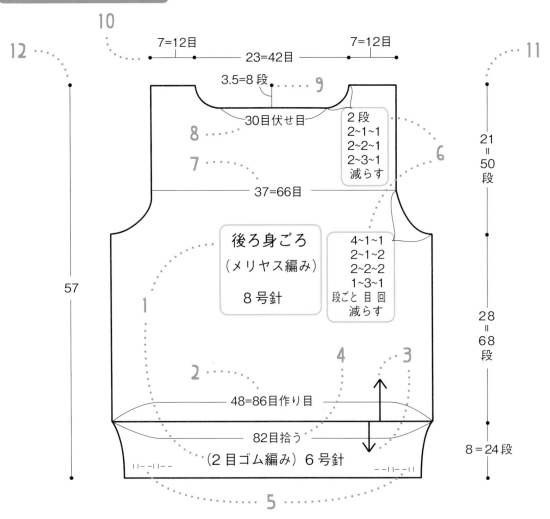

10

12   11

7=12目   23=42目   7=12目

3.5=8段   9

30目伏せ目

8

2段
2~1~1
2~2~1
2~3~1
減らす

7   6

21
=
50
段

37=66目

1   後ろ身ごろ
（メリヤス編み）
8号針

4~1~1
2~1~2
2~2~2
1~3~1
段ごと 目 回
減らす

28
=
68
段

4   3

2

57

48=86目作り目

82目拾う

8 = 24段

（2目ゴム編み）6号針

5

輪編みの編み図の見方

基本的な図の見方は上のセーターの
編み図と同じですが、輪編みは図の
端が破線で表記されています。(⌒、
⌒)のような合い印が描かれ、この記
号がついた端どうしはつながってい
ることを示しています。

=
2~1~6
1~1~1
段ごと 目 回
減らす

1目

5=13段

8目

（2目ゴム編み）

24
=
60
段

57=72目作り目して輪にする

| 1 | パーツ名、編み方、使用針 | 「後ろ身ごろ」を「メリヤス編み」で「8号針」を使って編むという意味。すそは「2目ゴム編み」を「6号針」で編む。 |

| 2 | 48＝86目作り目 | 「48cmにするために、86目作り目する」という意味。48C＝86目と書く場合もある。単位のcmは省略されることが多い。 |

| 3 | ↑↓ | 矢印は編み方向を表している。↑は86目作り目したところから上に向かってメリヤス編みで編む、↓は作り目から82目拾い目して下に向かって2目ゴム編みで編むという意味。 |

| 4 | 82目拾う | 2目ゴム編みを編むときの、作り目から拾う目数。伸縮するゴム編みは、横幅の長さが書いていないことが多い。 |

| 5 | \|\|－－\|\|－－　－－\|\|－－\|\| | 2目ゴム編みの端目の状態を表している。これは両端が表目2目という意味。ゴム編みは「記号図」ではなく、このように端目の状態だけ編み図の中に描かれることが多い。 |

| 6 | 4～\|～\|
2～\|～2
2～2～2
\|～3～\|
段ごと 目 回
減らす | そでぐりの減らし方を数字で表したもの。

下から
1段ごとに3目を1回
2段ごとに2目を2回
2段ごとに1目を2回
4段ごとに1目を1回
端で減らしながら編む、という意味。数字は片側にしか書かれていないが、左側も同様に減らす。減らし方の操作は46ページ～参照。増し目をする場合も同じ書き方をする。 | 2段
2～\|～\|
2～2～\|
2～3～\|
減らす | えりぐりの減らし方を数字で表したもの

下から
2段ごとに3目を1回
2段ごとに2目を1回
2段ごとに1目を1回減らしながら編み、最後の2段は増減なく編むという意味。左側も同様に減らす。 |

| 7 | 37＝66目 | そでぐりの減らし目をしたあとの寸法と目数。 |

| 8 | 30目伏せ目（休み目） | 中央の30目は伏せ目をするという意味。休み目と書かれている場合は、編み目をほつれ止めなどに移して休ませる。 |

| 9 | えりぐりの段数と寸法 | えりぐり部分は8段で3.5cmの高さがあるという意味。 |

| 10 | 肩とえりぐりの目数と寸法 | この部分を足したものが「背肩幅」として、でき上がり寸法に表記される。 |

| 11 | 段数と寸法 | そでぐりから上、そでぐりから下、ゴム編み部分の長さと段数。単位のcmは省略されることが多い。 |

| 12 | 着丈 | 11の寸法を足したもの。 |

記号図の見方　その1

具体的な編み方を編み目記号で表した記号図は、模様編みの作品の柄を表すときによく使われます。ここでは、模様の入り方が異なる２つの例について見方を説明します。メリヤス編みやゴム編みは、本では記号図が省略されることが多いです。

全体に模様が入ったセーター

編み図はこんな感じ

身ごろ全体が１種類の模様編みで構成されている。下の記号図の模様をくり返し編む。前身ごろやそでも同じ描き方。

記号図はこんな感じ

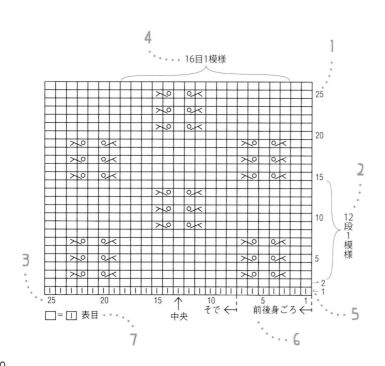

記号図の見方

1　縦軸の数字は段数を表す。

2　3段めから14段めの12段で1模様。この1模様をくり返し、指定の段数まで編む。

3　横軸の数字は目数を表す。

4　3目めから18目めの16目で1模様。この1模様をくり返し、指定の目数まで編む。

5　編み進む方向。1段めは編み地の表を見ながら図の右から左へ、2段めは編み地の裏を見ながら図の左から右へ編む。

6　編み始めの位置。前身ごろと後ろ身ごろは記号図の右端から編み始めるが、そでは図の8目めから編み始める。「中央」と書かれた位置は、身ごろとそでの中央に模様のこの部分がくることを表す。

7　凡例。空白部分はすべて表目で編むという意味。すべてを記号で埋めると見にくいので、このように省略することが多い。

部分的に柄が入ったカーディガン

編み図はこんな感じ

記号図はこんな感じ

前身ごろ

そで

（メリヤス編み）
（②模様編み）
（①模様編み）
（メリヤス編み）
（①模様編み）
（メリヤス編み）

36目　　6目　　18目
（1目ゴム編み）

22目　　18目　　22目
（1目ゴム編み）

各パーツがメリヤス編み（17ページ）と、2種類の
模様編み（①と②）で構成されている。前身ごろは左
右対称なので、模様編みの配置も対称にする。記号
図は模様編みの種類ごとに記される。

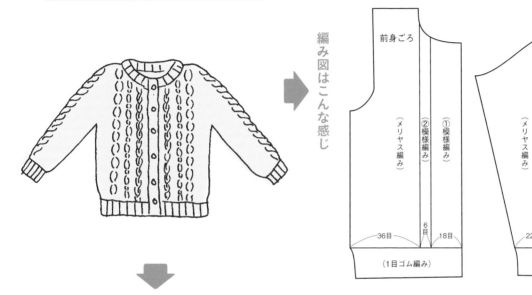

①模様編み

②模様編み

25

20

15

10

5

4段
1模様

18　　10　　2 1

16段
1模様

25

20

10

5

3

6　　2 1

記号図の見方

1 縦軸の数字は段数を表す。

2 ①模様編みは3段めから6段めの4段で、②模様
編みは3段めから18段めの16段で1模様。この1
模様をくり返し、指定の段数まで編む。

3 横軸の数字は目数を表す。編み地の端からの目数
ではなく、模様単位の目数で、①模様編みは18目、
②模様編みは6目1模様であることを示している。

4 凡例。空白部分はすべて裏目で編むという意味。
すべてを記号で埋めると見にくいので、このよう
に省略することが多い。

4 □ = │─│ 裏目

Q 帽子の編み図、まるで工場の三角屋根みたい…。
実際もこうやってギザギザに編むの？
（イマイチ想像できない…）

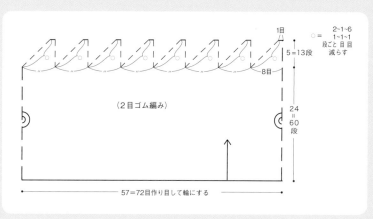

A 立体的な作品の編み図は
展開図で平面に表します。

確かに上の図を見ると、そう思ってしまうかもしれませんね。
でも世界地図の描き方で、こんな図を見たことがありませんか？
これは地球儀を切り開いたものですが、実際の地球はこんな切り込みは入っていなくて球状につながっています。
帽子の図も同じこと。ギザギザしている部分も「目」はつながっていて、目数を減らしながらトップに向かって形をつぼませながら編んでいきます。

記号図の見方　その2

目のない部分はどう編むの？

編み図のギザギザ部分も、編み地はつながっていることは左ページの通り。編み地の途中で目を減らしながら編む（分散減目ともいいます）作品は他にもあり、記号図もご覧のようにギザギザ！　このギザギザ記号図の見方を説明します。

たとえば、
この丸ヨークセーターのヨーク部分
記号図はこんな感じ

目数が減るにつれ、
2目一度の記号も大きく変形する

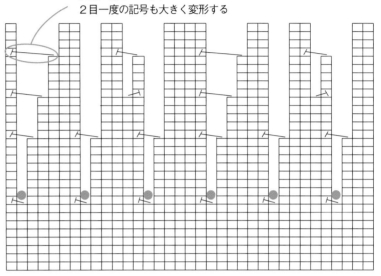

たとえば、
この帽子の記号図は
こんな感じ

編み地の途中で隣の目と2目一度（100〜102ページ）で減らし、目がなくなっていくので、記号図の方眼は離れてしまいますが、実際の編み地はつながっています。どの目とどの目を2目一度で編むか、記号の向きに注意しながら編みましょう。図の●の位置に編目リングを入れておくと、減らし目の位置がわかりやすいのでおススメです。

同じ編み方をくり返す場合
は省略されることもある

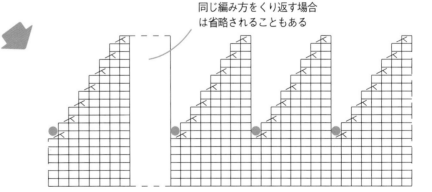

こういう書き方をすることも

ギザギザの記号図は、右のように表すことも。目が離れていないことを示すために、減らし目のたびに1マスの大きさが横長になっていきます。1山で7目減らしているので、最後の段は8マス分が1目の大きさに。マスの大きさが変わっていることがわかるように、図のように最終段に「ここからここまでが1目」ということが記されています。

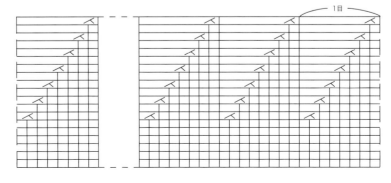

1目

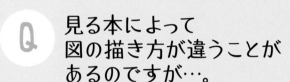
お悩みＱ&Ａ

Q 見る本によって
図の描き方が違うことが
あるのですが…。

A 本によって
表記方法が異なる場合が
あります。

編み図の描き方に決まりはなく、出版社や著者によって表記が異なる場合があります。代表的な例を挙げてみましたので、参考にしてください。ちなみに海外では日本のような図ではなく、文章で編み方を説明することが多いようです。

（編み図）

減らし目の書き方が違う例。左は最初の段を「1段ごと3目を1回」減らす、という書き方。右は最初の段は3目伏せ目をし、次から2段ごと2目を2回減らす、という書き方。どちらも編む操作は同じ。減らし目しないで編む段数を「平」という字で表現することもある。

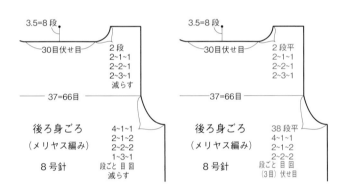

3.5＝8 段
30目伏せ目
2 段
2-1-1
2-2-1
2-3-1
減らす

37＝66目

後ろ身ごろ
（メリヤス編み）

8号針

4-1-1
2-1-2
2-2-2
1-3-1
段ごと 目 回
減らす

3.5＝8 段
30目伏せ目
2 段平
2-1-1
2-2-1
2-3-1

37＝66目

後ろ身ごろ
（メリヤス編み）

8号針

38 段平
4-1-1
2-1-2
2-2-2
段ごと 目 回
（3目）伏せ目

（記号図）

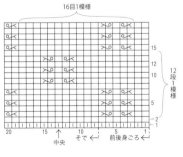

16目1模様

15
12
10

12段
1模様

20　　15　　↑　　10　　5　　1
中央　　そで　　前後身ごろ

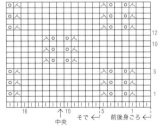

12
10

16　　↑　　5　　1
中央　　そで　　前後身ごろ

記号図の外に書いてある目数、段数の書き方が違う例。左の図は、編み始めの位置から1目め、1段めと数える書き方。右の図は、1模様の始めの位置を1目め、1段めとする書き方。また左の図は、2目一度の記号を2マスにまたがって描くことで、記号の根元の2目を2目一度することを表しているが、右の図は1つの記号はどれも1マスで表している。両図とも編み方は同じ。

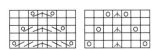

これは中上3目一度（103ページ）の記号を、3マスにまたがって描くか1マスにおさめるかの違い。3マスにまたがる描き方の場合は、両わきの目が斜めになって「寄せ目」（107ページ）の状態になっていることも併せて表記している。編み方は両図とも同じ。

ゲージについて学ぼう

本の寸法どおりに仕上げるためにゲージは重要！

初心者にありがちなこと ▶▶▶ その１…糸にひとめぼれしました…

初心者にありがちなこと ▶▶▶ その２…手持ちの毛糸を利用しました…

せっかく編んだのにサイズが全然違う！！
どうしてこんなことが起こるの？？

次ページで解決！

ゲージが必要なワケ

Aさん

Bさん

Cさん

バランス感覚に優れた、おだやかな優等生タイプ

几帳面で細部まで抜け目ない。神経質ぎみなのが気になる

明るく、細かいことを気にしない大ざっぱタイプ

右の3人が
[同じ針] [同じ糸] を使って
[同じ目数] [同じ段数] の
メリヤス編みを編みました

➡ どうなったかな？

Aさん作

本とほぼ同じサイズで編めました。

Bさん作

本のサイズより小さくなりました。

Aさん、Bさん、Cさんとも
同じ針、同じ目数・段数で編んでいるのに、
大きさが違う。

もっと大きい作品を編むと、
もっともっと大きさが違ってしまいます。

Cさん作

本のサイズより大きくなりました。

➡ 作品を編みたいサイズに
編むために必要なのが
「ゲージ」です。

※写真の編み地は違いがわかりやすいように針の号数を変えて編んだイメージです。

そもそもゲージとは？

作品を編むための基準となる編み目の大きさを「ゲージ」といい、一般的に横10cmで何目、縦10cmで何段と数えます。

編み地は左ページの例のように、編む人によって手加減が違うので、同じ目数・段数で編んでもでき上がりのサイズが異なります。本に載っている作品も、その作品を編んだ人の手加減ででき上がった大きさ。だから必ず編み方のページには、作品ごとのゲージが載っています。

作品を編み始める前に15cm角ほど試し編みをして、自分の手加減を調べることを「ゲージをとる」といいます。編みたい作品のゲージと、自分のゲージが異なる場合は、38ページのような方法で調整が必要です。

ゲージのとり方

大切 作品を編む糸と針で、約15cm角の試し編みをする
大切 裏側からアイロンで編み地を整えてからゲージを測る

① メリヤス編み

編み地の中央にメジャーを当てて、10cmの目数と段数を数えます。メジャーは編み目に対して平行、垂直に置きます。10cmの位置にまち針を打って、目数と段数を数えましょう。10cmの区切りがちょうど1目1段にならない場合は、0.5目0.5段単位で数えます（例：18目、20.5段＝10cm角）。

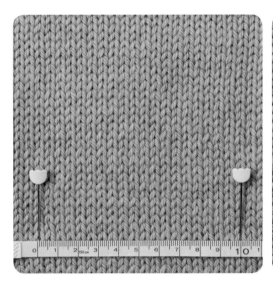
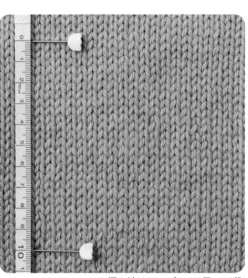

この編み地は10cm角＝19目、25段

② 模様編み

模様によってゲージが異なる場合は模様ごとに寸法を測ります。
本の指示通りの箇所を測りましょう。

模様1　　模様2

この編み地は模様1…6cm＝14目、模様2…4cm＝10目、縦…10cm＝25段

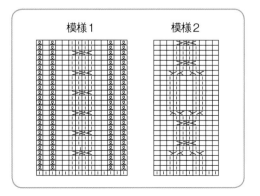

模様1　　模様2

ゲージの調整方法

❶ 針をかえる

本のゲージより **目数・段数が多い** 針を1、2号 **太く**しましょう

本のゲージより **目数・段数が少ない** 針を1、2号 **細く**しましょう

❷ 糸をかえる

太い糸を使えば全体を大きく、細い糸を使えば小さく編むことができます。
初心者は本と同じ太さの糸を使うのがおススメです。

 ＝

ラベルを見ると
糸の太さがわかります

重量と糸長の割合が同じなら、
2種類の糸はほぼ同じ太さです。

❸ 計算する

メリヤス編みなど単純な編み地は、作品のゲージと自分のゲージを対比して、適した目数・段数を計算で割り出すことができます。
複雑な模様編みや、増減目の部分は、初心者には調整が難しいので、❶または❷の方法で調整しましょう。

本と同じサイズにするには
何目で編めばいいの？

 →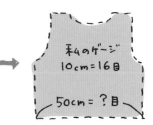

ゲージの1／10が1cmの目数 なので、**編みたいサイズをかけ算で求めます。**

私のゲージ10cm ＝ 16目　　**だから**　　1cm ＝ 1.6目

だから、50cmを編みたい場合は　1.6 × 50 ＝ 80目!!

なるほど！

お悩み Q & A

Q どうしても
ゲージをとらなきゃ…ダメ?

A 編む練習も兼ねて、
ゲージをとる習慣を。

毛糸を用意したら、すぐに編み始めたいものですが、サイズ通りの作品を仕上げるために、ゲージは大切です。試し編みをすることで、手加減が安定するというメリットも。また、小さな編み地でゲージをとると、誤差が出やすく正確に測れません。なるべく15cm角程度の編み地を用意して測りましょう。

Q 好きな糸で編みたいときは、
ゲージはどうするの?

A 小物は気軽に楽しんで。

マフラーやバッグなど、さほど大きさを気にしなくていい作品は、好みの糸で気軽に楽しみましょう。ただ、本とはあまりに太さや風合いが違う糸は、作品の仕上がりイメージも本とはだいぶ異なってしまいます。38ページ「②糸をかえる」を参考に、なるべく本と同じ太さの糸を選ぶのがおススメです。

Q ゲージ用の糸って、
材料の糸とは別に
必要なの?

A 材料表記にゲージ用の糸は
含まれていません。

ゲージ用の編み地はあなたの手加減の見本になるものです。すぐにほどかずに、作品が完成するまで手元に残しておきましょう。糸が足りなくなったら、ほどいてとじはぎやゴム編みなど目立たない部分に使いましょう。

Q ゲージをとったのに、
本番で編んだら
サイズが違ってしまいました。

A ゲージと見比べながら
編みましょう。

ゲージと実際の作品の手加減が変わってしまうことは、初心者にはありがち。ゲージの編み地を手元に置き、同じような手加減で編めているか確かめながら編み進めましょう。また、サイズが違うのは、どこかで目数が増減している可能性も。正しい目数、段数で編めているかも、こまめにチェックしましょう。

編み終わり
編み図どおりに
目を休め

編みもの独特の
言い回しを覚えよう

「目を休める」とは、針にかかった目を編まず
にそのままにしておくこと。ほかにも「目を
拾う（62ページ）」「目を落とす（25ページ）」
などの編みもの用語があるので覚えておいて。
でも、疲れ目に気をつけて休憩しながら編ん
でくださいね。

超親切

これだけ知っていれば
だいたいの作品は編める！

テクニックガイド

基礎のキソは何とか習得！ でも実際の作品作りには、目を増やしたり減らしたり、

パーツをつないだり…と、さまざまなテクニックが必要です。

ここでは、初〜中級者向けの作品によく使われる技法を

わかりやすく解説しています。作品を作るとき、手元に置いて参考にしてくださいね。

※解説の中に出てくる編み目記号は、95ページ〜の「編み目記号事典」を参照してください。

こんなのも
作れるかも…

作り目

編み地を作るときに必要な
最初の目を「作り目」といいます

1目ゴム編みの
作り目

	ここに	そで口、すそなど伸縮性が必要な箇所に
	特徴	ゴム編み止めのしにくい太い糸、でこぼこした糸に○
	大切	ゴム編みを編む針より1～2号細い針で
	大切	作り目に必要な糸端=編み地幅の約3倍

● ゴム編みの作り目は特別に3段を編んで1段と数えます

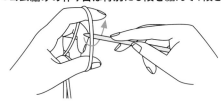

1 糸端側を親指に、糸玉側を人さし指にかけ、針を内側から当てて矢印のように回し、1目めを作る。

2 針を矢印のように回して糸をかける。2目めができる。

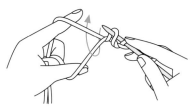

3 目が外れないように人さし指で押さえながら、糸をかける。3目めができる。

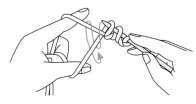

4 針を矢印のように回して糸をかける。4目めができる。

5 3、4をくり返して必要目数を作る。

6 向きを変えて左手で持つ。端目を糸を手前にしてそのまま右針に移す(浮き目→117ページ)。

ゆるみやすいので、右手で引っ張りながら目を移す

7 糸を向こう側にして、表目を編む。

8 浮き目と表目を交互にくり返す。

9 端まで編んだところ。

10 向きを変えて左手で持ち、前段で表目を編んだ目は浮き目、浮き目した目は表目で編む。

浮き目

表目

11 作り目ができたところ。これで1段めが編めたことになる。

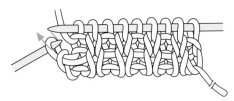

12 2段めから1目ゴム編みを編む。この段は裏を見て編む。最後の目は矢印のように針を入れて裏目を編むことで右端2目が表目になる。

2目ゴム編みの作り目

I	I	−	−	I	I	−	−	I	I		→2

ここに	そで口、すそなど伸縮性が必要な箇所に
特　徴	ゴム編み止めのしにくい太い糸、でこぼこした糸に○
大　切	ゴム編みを編む針より1〜2号細い針で
大　切	作り目に必要な糸端＝編み地幅の約3倍

● 11までは1目ゴム編みの作り目と同じ

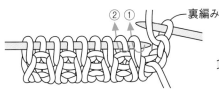

12 2段め。1目めを裏編みし、次の2目は①、②の順に編まずに右の針に移す。

13 12で右針に移した2目に左針を図のように入れて、再び左針に戻す。2目が入れ替わった。

14 13で入れ替えた右の目を裏編みする。

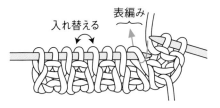

15 表目を2目編み、裏目を1目編む。12、13のように目を入れ替えて、裏目を1目編む。

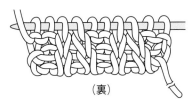

16 15をくり返し最後の2目は裏編み。

（裏）　　（表）

2段めが編み終わり、向きを変えたところ。

お悩みQ&A

Q 1目ゴム編みの片端を2目表目にするのはなぜ？

A 端の1目はとじ代です。

セーターのわきやそで下など、編み地をつなぎ合わせるときは、端から1目めと2目めの間の渡り糸をすくってとじるため（75ページ）、端の1目はとじ代となって表から見えなくなります。そのため片端を2目表目にしておくと、とじ合わせたときにゴム編みの模様が続いて見えるのです。

輪編みの作り目

ここに	手袋、帽子など筒状に編むときに
特徴	4(または5)本棒針か輪針を使う
大切	輪に編む場合は、常に編み地の表を見ながら編む
大切	針の最初の1目はゆるみやすいので、糸は引き気味に
大切	次の針に替える箇所をずらしながら編むと、編み目がそろう

① 4本棒針を使う方法

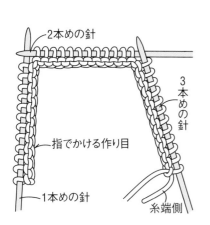

2本めの針
3本めの針
指でかける作り目
1本めの針
糸端側

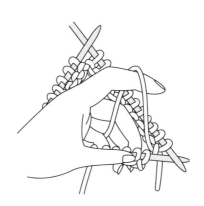

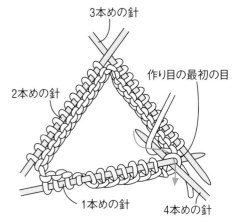

3本めの針
2本めの針
作り目の最初の目
1本めの針
4本めの針

1 1本の針に必要な目数を作り目し、ねじれないよう注意しながら、3本(5本針の場合は4本)の針に分ける。これが1段めになる。

2 2段めは左手に糸をかけて、1本めの針を持つ。

3 糸をかけた3本(4本)の針が輪になるようにし、4本め(5本め)の針で作り目の最初の目を編み、1本めの針の目をすべて編む。続けて編み終わった針で次の針にかかっている目を編んでいく。

② 輪針を使う方法

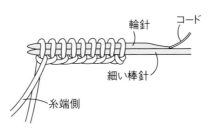

輪針
コード
細い棒針
糸端側

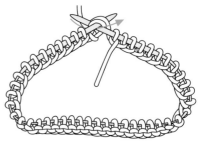

1 輪針に、輪針と同じか1、2号細い棒針を1本添えて、指でかける作り目をし、コードのほうに目を送っていく。

2 必要目数を作ったら棒針を抜いて、輪に編み進める。

お悩みＱ&Ａ

Q ゴム編みの作り目は難しそう。
指でかける作り目ではダメ？

A 伸縮性のほしい作品は、
ゴム編みの作り目で。

最近はゴム編みから編み始める作品でも、初心者が簡単にできる、指でかける作り目をする作品が多いようです。伸縮性がさほど必要ない場合は、指でかける作り目でもOKですが、伸縮性が必要な作品はやはりゴム編みの作り目をするのがおススメです。

Q 輪針と4本針
どっちがいい？

A 作品の特徴と
使用頻度で選ぼう。

輪針
◎ 針を持ち替えなくていいので、
ラクにきれいに編める。

△ 手袋の指先など針より編む部分の
サイズが小さいと編めない。

△ 作品ごとに適した長さの針を
そろえる必要がある。

◎ 輪にせず、表裏に返しながら編むことで
往復編みもできる。目数が多くて、
2本針で編みにくい場合などに便利。

4本針
◎ 基本的にどんなサイズの
作品でも編める。
手袋の指先など細い輪は
4本針でしか編めない。

△ 針を持ち替えるのが手間。
針を替えるときに
目がゆるみやすい。

△ 裏に糸を渡す編み込み模様や
かけ目のある模様編みは
編みにくい。

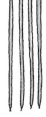

Q 母から、本とは違う方法の
作り目を教わりました。

A 作り目にもさまざまな
方法があります。

古くから世界中で親しまれている編みものは、作り目一つとっても、国や地域によってさまざまな方法があります。本書で紹介したのはごく一般的な方法ですが「これでなくてはダメ」ということはありません。やりやすい方法で編んで大丈夫ですよ。

減らし方

目数を減らして、編み地の幅を狭くする方法です

端で1目減らす方法

ここに	そでぐり、えりぐりの減らし目に
特徴	端をとじるときに、端目がとじ代になって内側に隠れるので、減らし目した箇所が目立ちにくい
特徴	端目がくずれないので、とじや拾い目がしやすい

① 表編み右側

別の描き方

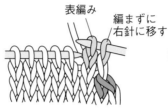

表編み　編まずに右針に移す

1 端の目を編まずに右針に移し、次の目を表目で編む。

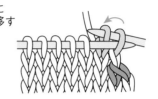

2 端の目に左針を入れ、矢印のように1で編んだ目にかぶせる。

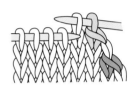

3 端の2目が1目になった（右上2目一度）。

② 表編み左側

別の描き方

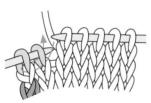

1 矢印のように右針を手前から2目一度に入れる。

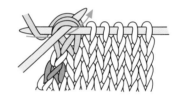

2 端の2目を一度に編む。

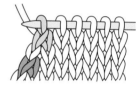

3 端の2目が1目になった（左上2目一度）。

③ 裏編み右側

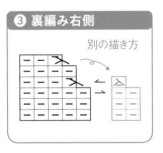

別の描き方

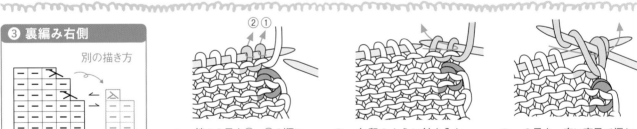

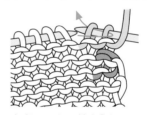

1 端の2目を①、②の順に矢印のように右針に移す。

2 矢印のように針を入れ、1で右針に移した2目を左針に戻す。

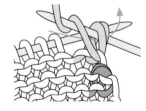

3 2目を一度に裏目で編む。端の2目が1目になった。

④ 裏編み左側

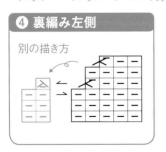

別の描き方

1 左針の2目に矢印のように一度に右針を入れる。

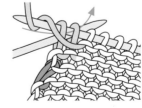

2 右針に糸をかけて、2目を一度に裏目で編む。

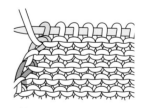

3 端の2目が1目になった。

端目を立てて減らす方法

ここに	減らし目の斜線を目立たせたいときに
特徴	端目がくずれずに通っているので、とじや拾い目がしやすい
大切	上下の目のつながりをくずさずに通すことを「目を立てる」という

❶ 右側

別の描き方

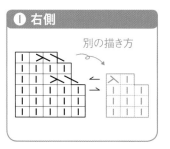

表編み　編まずに右針に移す
表編み

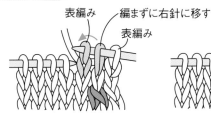

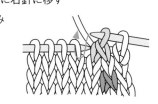

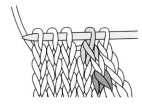

1 端目を編み、次の2目を右上2目一度で編む。

2 次の目からは普通に編む。

3 端から2目めを2目一度で減らした。

❷ 左側

別の描き方

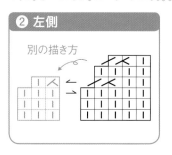

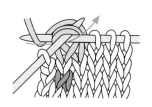

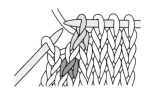

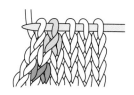

1 端から3目手前まで編み、次の2目を左上2目一度で編む。

2 端目を編む。

3 端から2目めを2目一度で減らした。

お悩みQ&A

Q どういうときに端目を立てて減らすの？

A 減らし目のラインを強調したいときに使います。

端目を立てて減らすと斜めのラインが浮き出て見えるので、ラグランセーターのそでぐりなどは、この方法を使うことが多いです。

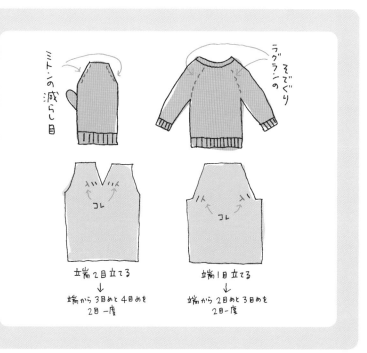

具体的な編み方は
p.49〜

お悩み Q&A

Q 同じ段で両端を
3目ずつ減らしたいのに
うまくいきません（泣）。

A 端で2目以上減らすのは、
段の編み始めでしかできません。

編み終わりで減らそうとしても、上の
イラストのように端目が残ってしまい
ます。そのため左端の減らし目は、次
の段の編み始めで行います。

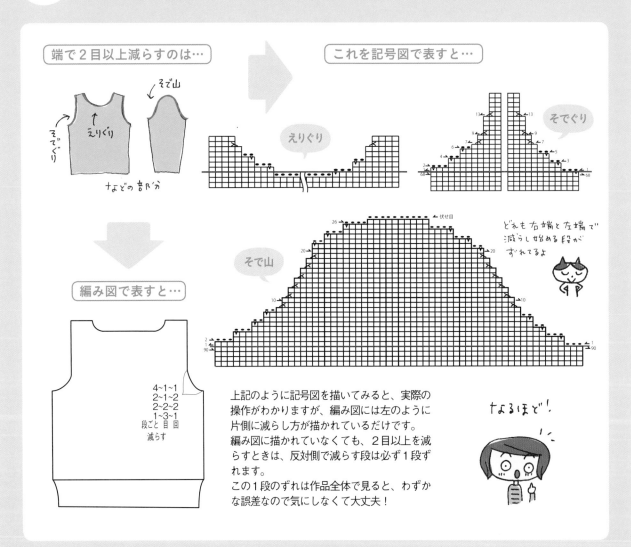

端で2目以上減らすのは…

これを記号図で表すと…

などの部分

編み図で表すと…

```
4~1~1
2~1~2
2~2~2
1~3~1
段ごと 目 回
減らす
```

どれも右端と左端で
減らし始める段が
ずれてるよ

上記のように記号図を描いてみると、実際の
操作がわかりますが、編み図には左のように
片側に減らし方が描かれているだけです。
編み図に描かれていなくても、2目以上を減
らすときは、反対側で減らす段は必ず1段ず
れます。
この1段のずれは作品全体で見ると、わずか
な誤差なので気にしなくて大丈夫！

なるほど！

先に p.48 を読むと
わかりやすいよ

端で2目以上減らす方法

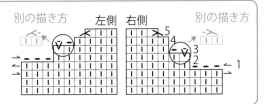

別の描き方　　左側　右側　　別の描き方

大切 糸端のある側で伏せ目をして
減らすので、両端で減らす場合、
左右で操作する段が1段ずれる

大切 角をつけて減らす方法と、
端の目を編まずに
なめらかなカーブで減らす方法がある

右側1段め（角を出す減らし方）

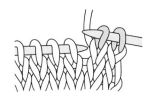

1 表目で2目編む。

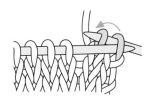

2 1目めを2目めにかぶせ
る。1目めの伏せ目がで
き上がる。

3 3目めを表編みし、2目
めを3目めにかぶせる。

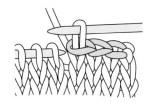

4 もう一度伏せ目をし、3
目減らした状態。左側で
は減らせないので、この
まま左端まで表目を編む。

左側2段め（角を出す減らし方）

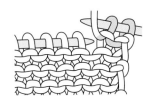

5 裏を見て、裏目で2目編
む。

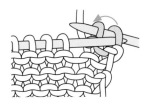

6 1目めを2目めにかぶせ
る。1目めの伏せ目がで
き上がる。

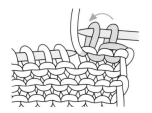

7 3目めを裏編みし、2目
めを3目めにかぶせる

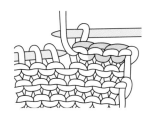

8 もう一度伏せ目をし、左
側を3目減らした状態。

右側3段め（角を出さない減らし方）

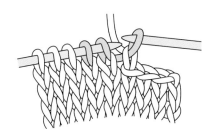

9 1目めは編まずに右針に移す（すべり
目）。すべり目することで角がつかず
なだらかになる。

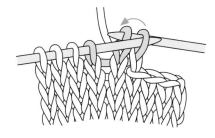

10 2目めを表編みし、すべり目した目を
かぶせる。

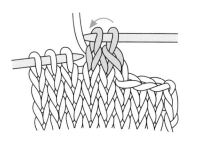

11 3目めを表編みし、2目めをかぶせる。
2目減った。左側では減らせないので、
このまま左端まで表目を編む。

次ページに続く ➡ 49

左側4段め（角を出さない減らし方）

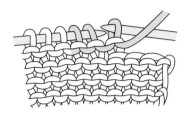

12 1目めは編まずに右針に移す（すべり目）。

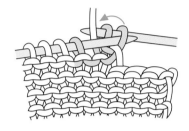

13 2目めを裏編みし、矢印のようにすべり目した目をかぶせる。

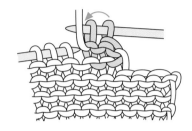

14 3目めを裏編みし、2目めをかぶせる。2目減った。

右側5段め

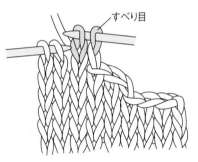

15 編み始めで「右上2目一度」で減らす。

すべり目

かぶせる

左側5段め

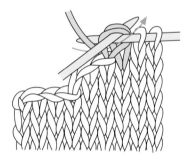

16 ここは1目の減らし目なので、段の終わりでも減らせる。15と同じ段の編み終わりで「左上2目一度」で減らす。

完成図

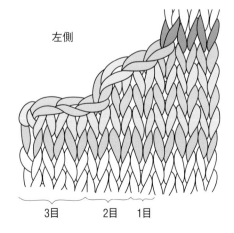

左側

3目　2目　1目

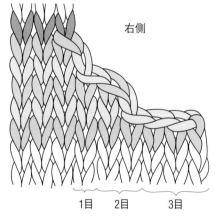

右側

1目　2目　3目

⬛ 偶数段。減らす前の段

⬜ 奇数段。減らし1回め（3目伏せ目）。右側は編み始めで3目減らす。左側は減らさない。

⬜ 偶数段。左側は編み始めで3目減らす。右側は減らさない。

⬜ 奇数段。減らし2回め（2目伏せ目）。右側は編み始めで2目減らす。左側は減らさない。

⬜ 偶数段。左側は編み始めで2目減らす。右側は減らさない。

⬛ 奇数段。減らし3回め。左右両側で1目減らす。

編み地の途中で減らす方法

ここに　帽子や丸ヨークのセーターなど、
　　　　編み地の途中で減らし目するときに

大　切　減らし目する箇所に編目リングを入れておくとわかりやすい

大　切　編み地の途中で数カ所に分けて平均的に目を減らすことを
　　　　「分散減目」という

難しそうに見えますが、このような減らし方の場合は、必ず記号図が載るので、それを見ながら、減らし目の記号の位置で「右上２目一度」や「左上２目一度」の操作をすればOK。33ページの解説も参考にしてください。

記号図で表すとこんな感じ！

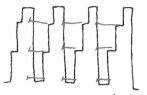

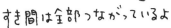

すき間は全部つながっているよ

なんじゃこりゃ

---

❶ 右上２目一度

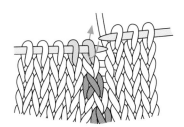 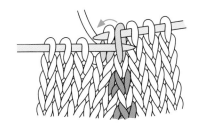 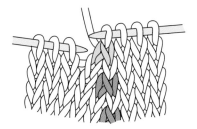

1　減らし目の記号の目のところで、矢印のように右針を入れてすべり目をする。

2　次の目を表目で編み、1ですべり目した目を矢印のようにかぶせる。

3　右上２目一度をして目が減った。

---

❷ 左上２目一度

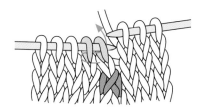 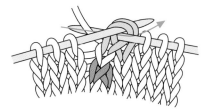 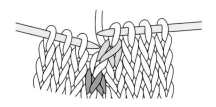

1　減らし目の記号の目のところで、矢印のように２目に一度に針を入れる。

2　表目で編む。

3　左上２目一度をして目が減った。

すそやそで口で目を減らす方法

ここに
大切 あとでほどける作り目をほどいてゴム編みを編むときに
減らし目をする位置が均等になるように調整して減らす

こういう
場合です

あとでほどける作り目をほどいて、
身ごろのすそやそで口にゴム編みを
編む場合、減らし目をする位置が均
等になるよう調整して減らします。

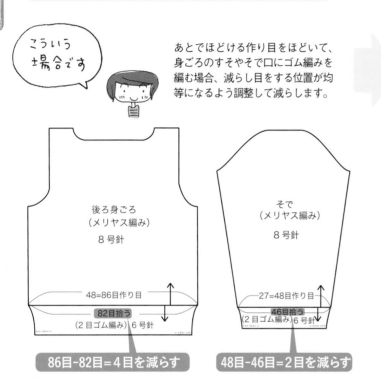

後ろ身ごろ
（メリヤス編み）
8号針

48=86目作り目
82目拾う
（2目ゴム編み）6号針

86目-82目=4目を減らす

そで
（メリヤス編み）
8号針

27=48目作り目
46目拾う
（2目ゴム編み）6号針

48目-46目=2目を減らす

例題で考えてみよう！

このセーター、18目から14目にしたいとき
4目を均等に減らすにはどうする？

割り算？
18÷4？

4目減らしたいときは
18を5等分するのです！

18目
14目
減 減 減 減
（端は減らし目しない）

まだ
わからん

・・・・で、
どうやって？？

花の間引き方で考える

花壇に咲いた18本の花。ちょっと窮屈なので4本間引きしたい。
均等に減らすには何本ごとに間引けばいい？

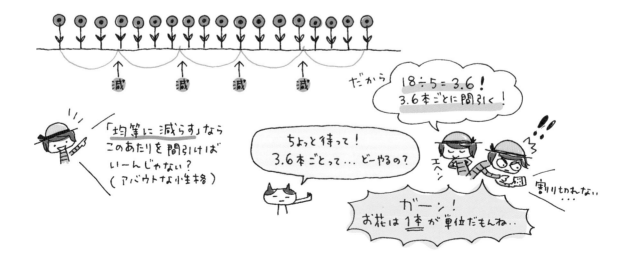

減 減 減 減

だから
18÷5=3.6！
3.6本ごとに間引く！

「均等に減らす」なら
このあたりを間引けば
いーんじゃない？
（アバウトな小生格）

ちょっと待って！
3.6本ごとって…どーやるの？

割り切れない・・・

ガーン！
お花は1本が単位だもんね・・

ものしりネコ
ゼミナール

編みものでは1目より小さい目はないので、割り算をするときは
小数点以下の計算はしません。余りが出たら、下のように考えましょう。

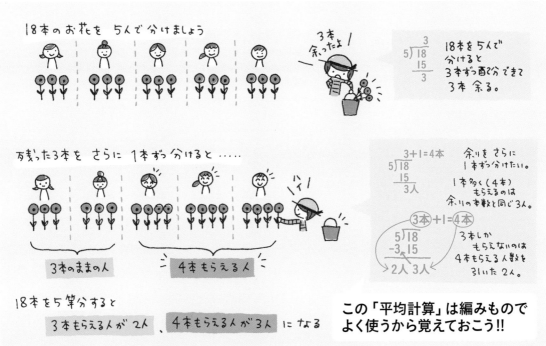

この「平均計算」は編みもので
よく使うから覚えておこう!!

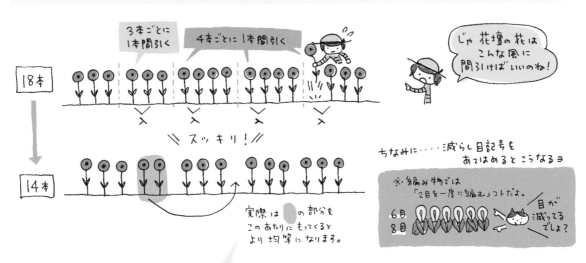

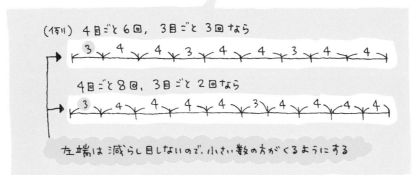

実際の減らし方はセーターナビゲーション (91ページ) を見よう!

53

増し方

目数を増やして、編み地の幅を広くする方法です

1目内側で1目増す方法（右増し目・左増し目）

- 特徴 どんな糸にも向く一般的な方法
- 特徴 端目がくずれずに通っているので、とじやはぎがしやすい
- 特徴 下の段の目を引き上げて増し目するので、模様編みや多色づかいの作品では柄が崩れることも

① 表編み右側

別の描き方

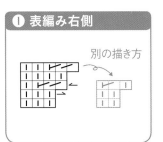
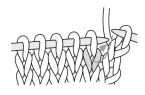
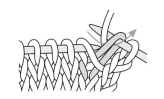
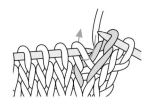

1 1目めを表目で編み、2目めの1段下の目に右針を入れる。

2 1で針を入れた目を引き上げて、表目で編む。

3 次からは表編みを続ける。

② 表編み左側

別の描き方

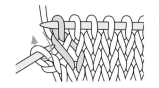

1 端目の手前まで編んだら、2段下の目に右針を矢印のように入れる。

2 1で針を入れた目を引き上げて表目で編む。

3 端目を表目で編む。

③ 裏編み右側

別の描き方

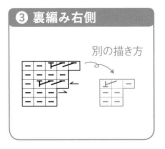
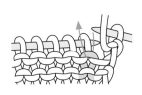
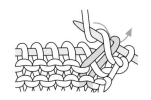
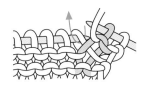

1 1目めを裏目で編み、2目めの1段下の目に右針を入れる。

2 1で針を入れた目を引き上げて、裏目で編む。

3 次からは裏編みを続ける。

④ 裏編み左側

別の描き方

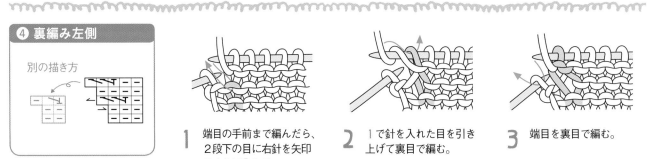
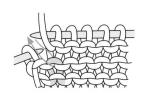
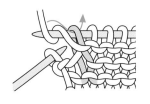
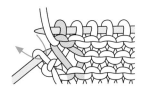

1 端目の手前まで編んだら、2段下の目に右針を矢印のように入れる。

2 1で針を入れた目を引き上げて裏目で編む。

3 端目を裏目で編む。

1目内側で1目増す方法（ねじり目）

特 徴	伸縮性のある（ウールなど）細めの糸に向く
特 徴	目と目の間の渡り糸をねじるので、太めの糸ではつれることも
大 切	左右の端でねじる向きを逆にすると、とじたときの見た目がきれいに仕上がる

● 表編み右側

別の描き方

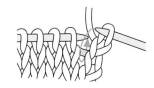

1　1目めを編み、2目めとの間の渡り糸を矢印のように左針ですくう。

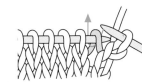

2　矢印のように右針を入れて、表目で編む。

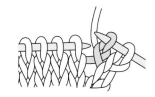

3　1目増えた。次からは表編みを続ける。

● 表編み左側

別の描き方

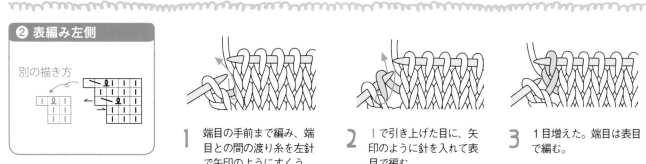

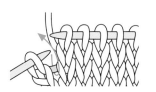

1　端目の手前まで編み、端目との間の渡り糸を左針で矢印のようにすくう。

2　1で引き上げた目に、矢印のように針を入れて表目で編む。

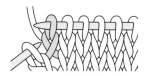

3　1目増えた。端目は表目で編む。

● 裏編み右側

別の描き方

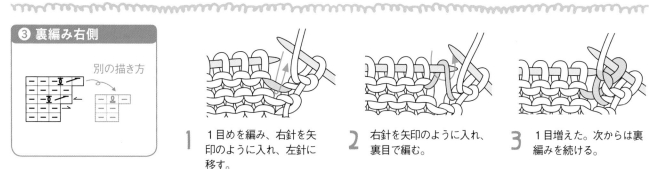

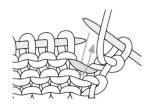

1　1目めを編み、右針を矢印のように入れ、左針に移す。

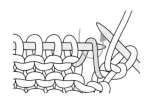

2　右針を矢印のように入れ、裏目で編む。

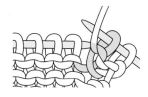

3　1目増えた。次からは裏編みを続ける。

● 裏編み左側

別の描き方

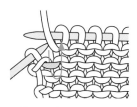

1　端目の手前まで編み、左針を矢印のように入れる。

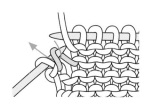

2　右針を矢印のように入れ、裏目で編む。

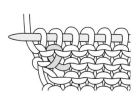

3　1目増えた。端目は裏目で編む。

増し方…1目内側で1目増す方法（かけ目とねじり目）／すそやそで口で増し目をする方法

1目内側で1目増す方法（かけ目とねじり目で増す）

特徴 太めの糸に向く
特徴 細い糸や、すべりのよい夏糸では、かけ目の穴が目立ってしまうことも

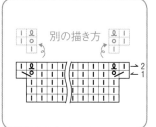

別の描き方

1段め右側

かけ目

1　端目を編み、続けてかけ目をする。

2　かけ目で1目増えた状態。

1段め左側

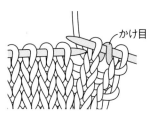

かけ目

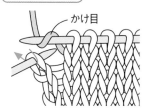

かけ目

3　編み終わりも、端目の手前でかけ目をして、目を増す。

2段め左側（表から見て左。編む側から見ると右側）

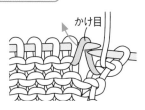

かけ目

4　端目を裏目で編み、前段のかけ目に矢印のように右針を入れる。

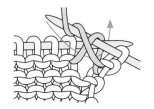

5　裏目を編む。

2段め右側（表から見て右。編む側から見ると左側）

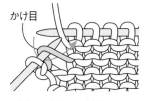

かけ目

6　端目の手前で、前段のかけ目に矢印のように右針を入れ、裏目で編む。

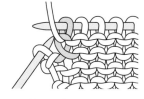

7　端目を裏目で編み、目が増えた状態。

すそやそで口で増し目をする方法

ここに すそやそで下からゴム編みで編み始め、次の編み方に移るときに

大切 増し目をする位置が均等になるように調整する

大切 編み地の途中で数カ所に分けて平均的に目を増やすことを「分散増し目」という

52ページの「すそやそで口で目を減らす方法」と同様の計算方法で均等に増しましょう。

後ろ身ごろ（メリヤス編み）8号針

48＝86目に増す

（2目ゴム編み）6号針

82目作り目

そで（メリヤス編み）8号針

27＝48目に増す

（2目ゴム編み）6号針

46目作り目

56

端で2目以上増す方法

大切 巻き目(120ページ)がゆるみやすいので、しっかり押さえながら編むとよい

大切 糸端のある側で巻き目をするので、両端で増やす場合、左右で操作する段が1段ずれる

大切 巻き目は1段に数えない

❶ 右側

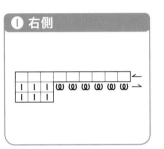

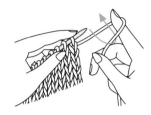

1 右手に糸をかけ、矢印のように針を回して糸端を引き締める。これでできるのが「巻き目」。

必要目数

2 1をくり返して必要目数を作る。

3 次の段は、表目で編む。巻き目は次段の目の土台になる。

❷ 左側

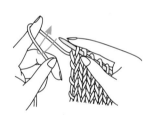

1 左手に糸をかけ、矢印のように針を回して糸端を引き締める。

必要目数

2 1をくり返して、必要目数を作る。

3 次の段は、裏を見て裏目で編む。巻き目は次段の目の土台になる。

この増し目の場合は「ねじり目で増す方法①表編み右側」(55ページ)が適しています。

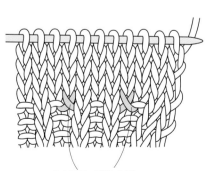

ねじり目で増した目

P.52〜53の方法を「間引く」じゃなくて「花を足す」にして考えてみて。計算方法は同じです。

引き返し編み 横に長い斜線を編む方法です

ここに 大切	セーターの肩下がりに
大切	編み終わりを編み残すので、肩下がりでは左右で操作する段が1段ずれる
大切	右肩、左肩の順に編み残し、右肩は編み図の1段手前から操作する
大切	最終段で全目を通して1段編み、引き返し編みでできた段差を整える。これを段消しという
大切	左肩は編み図の段数より、段消しの分が1段多くなる

編み残す引き返し編み

❶ 図の見方

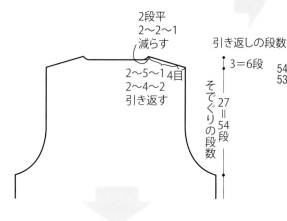

2段平
2～2～1
減らす

2～5～1 4目
2～4～2
引き返す

引き返しの段数
3＝6段

そでぐりの段数
27＝54段

記号図で表すとこうなります

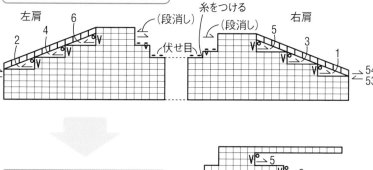

左肩　2　4　6　（段消し）　糸をつける　（段消し）　右肩　5　3　1　54 53
伏せ目　54 53

段消しはこのような描き方をすることもあります

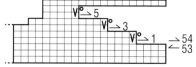

V° → 5
V° → 3
V° → 1
→54
→53

この編み方を糸の流れで表したものがコチラ！

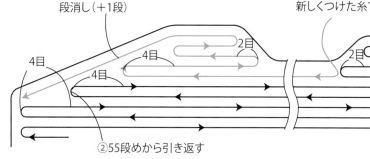

段消し（＋1段）
4目
4目
4目
2目
②55段めから引き返す

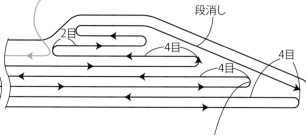

えりぐりから先の左側は新しくつけた糸で編む
2目
4目
4目
4目
段消し
①1段手前（54段め）から4目残して引き返す

❷ 右肩側の引き返し編み

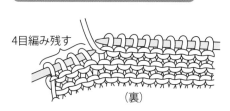

4目編み残す
（裏）

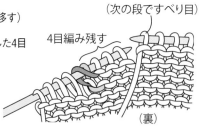

すべり目（編まないで右針に移す）
かけ目
1で編み残した4目
4目編み残す
（次の段ですべり目）
（裏）

1　引き返し編み1段め（＝そでぐりの54段め）。4目編み残す。

2　引き返し編み2段め。表に返して最初にかけ目をし、次の目はすべり目をする。続けて表目で編む。

3　引き返し編み3段め。4目編み残す。2のかけ目は目数に数えない。

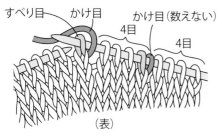

すべり目　かけ目　かけ目（数えない）
4目　　　　4目

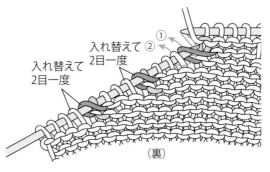

入れ替えて ②
2目一度
入れ替えて
2目一度
①
（裏）

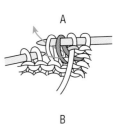

A

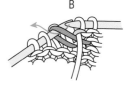

B

4 引き返し編み4段め。最初は 2 と同じようにかけ目とすべり目をし、続けて表目で編む。3、4 をもう一度くり返し、6段めまで編む。針には 5目残る。

5 段消し。すべり目を編んだら、かけ目とその次の目に①、②の順に右針を入れ、A図の矢印のように左針に2目を移す（目の順番が入れ替わる）。その2目をB図のように2目一度で編む。

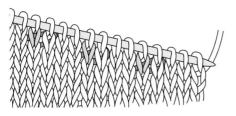

6 段消しを編んだ状態。

斜めに編めた！

合格！

---

❸ 左肩側の引き返し編み

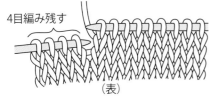

4目編み残す
（表）

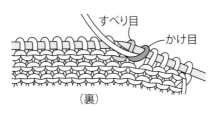

すべり目
かけ目
（裏）

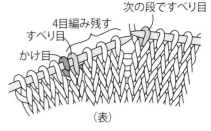

次の段ですべり目
4目編み残す
すべり目
かけ目
（表）

1 1段め（右側と1段ずれる）。4目編み残す。

2 2段め。裏に返して、最初にかけ目をし、続けてすべり目をする。続けて裏目で編む。

3 3段め。表に返して、4目残して表目を編む。かけ目は目数に入れない。

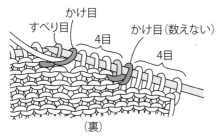

すべり目
かけ目
4目
かけ目（数えない）
4目
（裏）

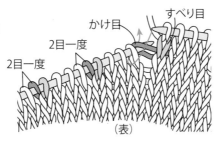

かけ目
2目一度
すべり目
2目一度
（表）

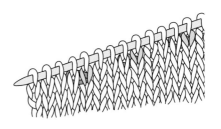

4 4段め。2 と同様にかけ目とすべり目をし、続けて裏目で編む。3、4 をもう一度くり返し、6段めまで編む。針には5目残る。

5 段消し。すべり目を編んだら、かけ目とその次の目を2目一度で編む。

6 段消しを編んだ状態。右側より1段多くなる。

編み進む引き返し編み

ここに くつ下のかかとやパーカのフードなどに

大 切 両端で引き返す場合は、左右で操作する段が1段ずれる

大 切 かけ目の次の段で2目一度をし、引き返し編みでできた段差を整える

❶ 図の見方

記号図で表すとこうなります

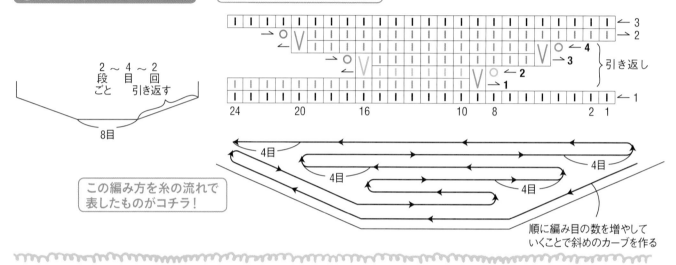

2~4~2
段 目 回
ごと 引き返す

8目

この編み方を糸の流れで
表したものがコチラ！

順に編み目の数を増やして
いくことで斜めのカーブを作る

❷ 引き返し編み

1 引き返し編み1段め。端
から○の手前（16目め）
まで編む。

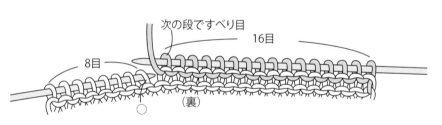

次の段ですべり目

16目

8目

（裏）

○

2 引き返し編み2段め。表
に返してかけ目をし、最
初の目をすべり目する。
次の目から7目（★の手
前まで、すべり目を含め
て8目）表目で編む。

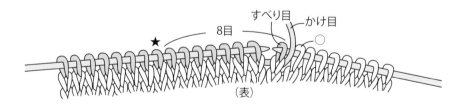

すべり目 かけ目

★ 8目

（表）

○

3 引き返し編み3段め。裏
にしてかけ目をし、最初
の目をすべり目する。

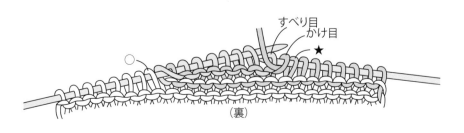

すべり目
かけ目

★

○

（裏）

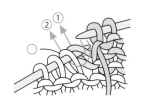

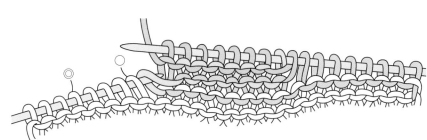

4 前段のかけ目の位置まできたら、かけ目と次の目（○）を右上のイラストの順で入れ替えて、裏編みで2目一度し、◎の手前まで、あと3目編む。

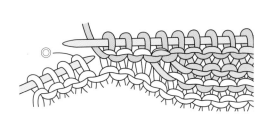

5 引き返し編み3段めの編み終わり。

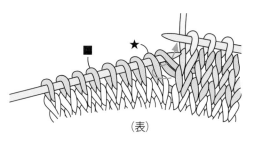

（表）

6 引き返し編み4段め。表に返し、2と同じ要領でかけ目とすべり目をして表目で編む。前段のかけ目の位置まできたら、かけ目とその次の目（★）を2目一度で編む。■の手前まで表目で編む。

7 次の段（本編み2段め）は、3、4と同じ要領でかけ目とすべり目をし、◎の位置でかけ目と2目一度して端まで編む。次の段は6と同じ要領で■の位置で2目一度して端まで編む。

目を入れ替えて2目一度（◎）

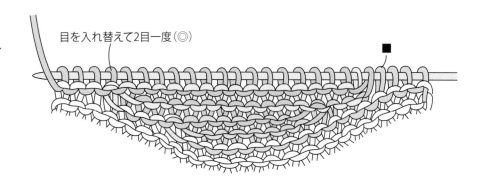

拾い目

編み地から目を編み出すことを「拾い目」といいます 必要な目数をバランスよく均等に拾います

目からの拾い目

大切 編み目がつながって見えるように拾う
大切 作り目からの拾い目は、目と目の間から拾うので、元の編み地と半目ずれる

❶ 伏せ目からの拾い目

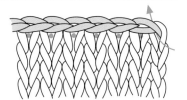

1 編み目のV字の中（●の位置）に針を入れて拾う。拾い始めの端目は矢印の位置。

糸をかける

2 針に糸をかけて引き出しながら拾う。

✕ これはNG！

伏せ目のくさりのすぐ下の部分を拾わないように気をつける。

目を多く拾う場合

伏せ目より多い目数を拾う場合は、目と目の間からも拾う。

目を少なく拾う場合

伏せ目より少ない目数を拾う場合は、均等に目を飛ばしながら拾う。

裏メリヤスの場合

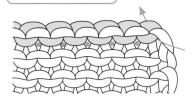

裏メリヤスの場合も、編み目のV字の中に針を入れて拾う。

---

❷ 指でかける作り目からの拾い目

メリヤス編みも裏メリヤス編みも、目と目の間に針を入れて糸を引き出す。作り目から拾うときは編み方向が逆になり、表目または裏目のV字に針を入れるように見えるが、ここは目と目の間になる。

メリヤス編みの場合

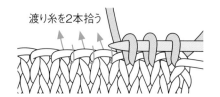

渡り糸を2本拾う

裏メリヤスの場合

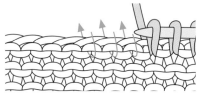

---

❸ あとでほどける作り目からの拾い目

あとでほどける
作り目からの拾い目

＼動画でチェック／

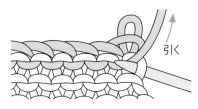

引く

1 端目に針を入れて、作り目のくさり編みをほどく。

2 1目ずつほどきながら、編み目を棒針に移す。

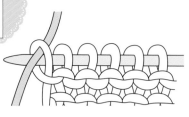

3 最後の目はねじったままの状態で針を入れ、作り目の別糸を抜く。

お悩み Q & A

Q 半目ずれるって、
どういうことですか？

A 編み方向が逆になると、
半目分編み地がずれます。

（さかさま）

本当だ！
こうしてみると
半目ずれているのが
分かるよ！

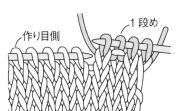

1　作り目をほどいて1段め（この図は1目ゴム編み）を編む。

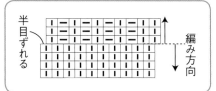

半目ずれる

編み方向

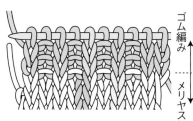

ゴム編み

編み方向

メリヤス編み

2　ゴム編みとメリヤス編みの編み目はつながっているように見えるけれど、メリヤス編みを編み方向にしたがって見ると、ゴム編みとは半目ずれているのがわかる。このように編み方向が逆向きの場合、必ず半目ずれる。

この向きで
図を見た場合、
水色の目は表目1目に
見えるけど…これは
1目じゃないんです！

◻ ゴム編み（今、上に向かって編んでいる部分）の表目1目1列

◼ メリヤス編み（すでに編み終わったこの図の上から下に向かって編んだ部分）の表目1目1列

段からの拾い目

大 切 端の目の1目内側から拾う
大 切 拾う目数より段数のほうが多いので、数目おきに段をとばしながら拾う

| ❶ メリヤス編みから拾う | ❷ 裏メリヤス編みから拾う | ❸ ガーター編みから拾う | ❹ ゴム編みから拾う |

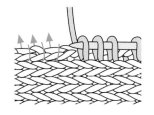 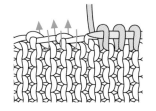 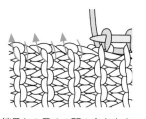 

端目と2目めの間に針を入れて糸を引き出す。

端目と2目めの間に針を入れて糸を引き出す。

端目と2目めの間の糸をすくって引き出す。

①〜③と同じだが、編み方向が違うときは、境目で半目ずらして拾う。

お悩みQ＆A

Q どれが端目だか わかりません！

段から目を拾うとき（63ページ）、すくいとじをするとき（74ページ）は、端目の内側に針を入れます。でも、編み地を見てもどこが端目だかわからない！ということがありませんか？

メリヤス編みの編み地は、端が裏側に丸まってしまう性質があるうえに、端目は目の高さや幅が不揃いになりがちです。下の写真を参考に編み地の端を伸ばして、正しく端目を見つけましょう。

端目を探そう

ここ？

残念！
ここは端目の隣の目です

ここ？

じゃあこれかな？

惜しい！
表編みの編み目は「V字型」をしています

ジャーン！
正解は白色の部分でした。

ここだよ～！

端目はふだんは半目しか見えていないよ。

端目はこんなふうに半目しか見えていないので、編み地の端を引っ張って2目めとの間を見つけよう。

ここが端目と2目めの間だよ

A 「端目」より 「渡り糸」をさがそう！

端目を見つけることも大切ですが、実際に目を拾うときやとじるときは、端目と隣の目の間の渡り糸に針を入れます。端から2目めの糸を外側にたどっていき、その渡り糸をたよりに操作するとやりやすいですよ。

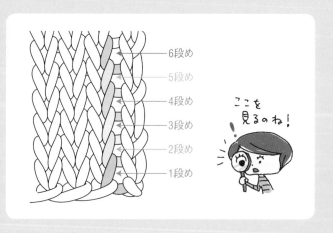

6段め
5段め
4段め
3段め
2段め
1段め

ここを見るのね！

えりぐりからの拾い目

大 切 ゴム編みの針より1号細い4本針で拾う
大 切 表を見て、左の肩はぎ線から拾い始める
大 切 拾い目はすべて表編みになる

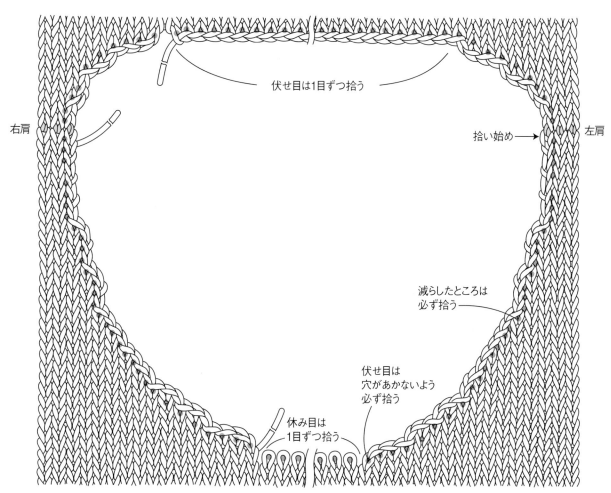

右肩

左肩

伏せ目は1目ずつ拾う

拾い始め →

減らしたところは
必ず拾う

伏せ目は
穴があかないよう
必ず拾う

休み目は
1目ずつ拾う

減らし目していない部分は1目内側を、減らし目した部分は1目半内側を拾う。伏せ目、休み目した部分は1目ずつ拾う。

Ｖネックからの拾い目

大 切 ゴム編みの針より1号細い4本針で拾う
大 切 表を見て、左の肩はぎ線から拾い始める
大 切 拾い目はすべて表編みになる

減らし目したところ

中央の3目は拾う

Ｖネックの場合は、段からの拾
い目と同様、端目の1目内側か
ら拾う。減らし目部分は1目半
内側から拾う。Ｖネックの中央
の3目は必ず拾う。

止め方

編み目がほどけないように始末することを「目を止める」といいます

| 動画でチェック |
メリヤス編みの
伏せ止め

伏せ止め

| 特徴 | 簡単に止められ、伸び止めにもなる |
| 大切 | 止めるのに必要な糸は、編み地幅の約4.5〜5倍 |

① メリヤス編み

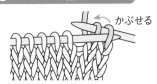 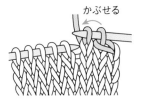 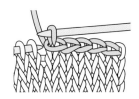 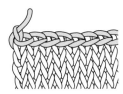

1　端の2目を表編みし、端目に左針を入れて2目めにかぶせる。

2　次の3目めを表目で編む。2目めに左針を入れて3目めにかぶせる。

3　同様に2をくり返していく。

4　最後は糸を引き抜く。

② 裏メリヤス編み

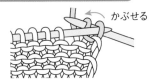  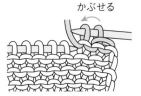 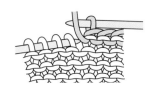

1　端の2目を裏編みし、端目に左針を入れて2目めにかぶせる。

2　次の目を裏目で編む。

3　右の目を、2で編んだ目にかぶせる。

4　2、3をくり返し、最後は糸を引き抜く。

③ ゴム編み

  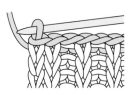

1　端の2目を表編みし、端目に左針を入れて2目めにかぶせる。

2　次の目を裏編みし、右の目をかぶせる。

3　下の段が表目だったら表編み、裏目だったら裏編みをして右針の右側の目をかぶせていく。

しぼり止め

| ここに | 帽子のてっぺんや手袋の指先など、輪編みの目を止めるときに |
| 大切 | とじ針を使って止める |

目数が少ないとき

目数が少ないとき（手袋の指先など）は、すべての目に針を通してしぼる。

ココとか

目数が多いとき

目数が多いとき（帽子など）は、1目おきに糸を通して、2周通したらしぼる。

ココとか

 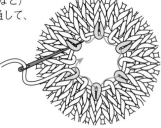

ゴム編み止め

特 徴	伸縮性がある
大 切	とじ針を使い、表側を見て止める
大 切	１つの目に２回ずつ針を通す
大 切	止めるのに必要な糸＝編み地幅の約３倍

① １目ゴム編み止め

右端が表２目、左端が表１目の場合

動画でチェック
１目
ゴム編み止め

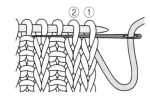

1 ①の目の向こうから針を入れ、②の目の手前に出す。

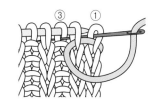

2 ①の目の手前から針を入れ、②の目の後ろを通して③の目の向こうに出す。

表目に表から入れて表に出す

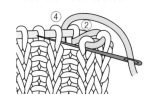

3 ②の目の手前から針を入れ、③の目の前を通して④の目の手前に出す。

裏目に裏から入れて裏に出す

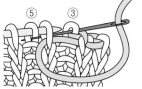

4 ③の目の向こうから針を入れ、④の目の後ろを通し⑤の目の向こうに出す。

5 ３、４をくり返して最後の２目は向こうから針を入れて、手前に出す。

編み針から糸をはずすと、とじ針を入れる目が見分けにくくなる。
２回とじ針を通すまでは、編み針に目をかけたままにしておくとよい。

右端が表１目、左端が表２目の場合

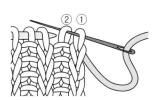

1 ①の目の向こうから針を入れ、②の目の向こうに出す。

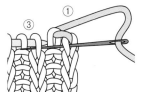

2 ①の目の手前から針を入れ、②の目の前を通して③の目の手前に出す。

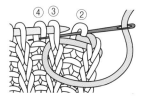

3 ②の目の向こうから針を入れ、③の目の後ろを通して④の目の向こうに出す。

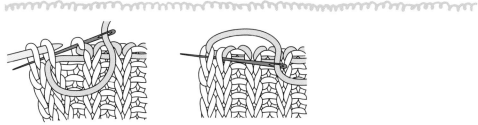

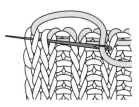

4 ２、３をくり返し、端目の表目には手前に針を出す。

5 最後は、左端の表目２目に図のように針を入れて糸を引く。

●止め方…ゴム編み止め（1目ゴム編み／2目ゴム編み）

輪編みの場合

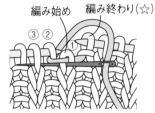

編み始め　編み終わり（☆）

1 ①の目の向こうから針を入れ、②の目の向こうに出す。続けて①と③の目に図のように針を入れる。

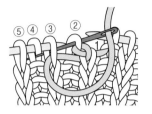

2 ②の目の向こうから針を入れ、③の目の後ろを通して④の目の向こうに出す。

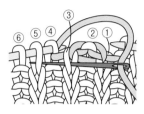

3 ③の目の手前から針を入れ、④の目の前を通して⑤の目の手前に出す。

4 2、3をくり返し、最後は①の目に向こうから針を入れる。

5 ☆の裏目に向こうから針を入れ、②の目の向こうに出す。

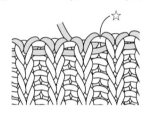

6 糸端を引く。1目ゴム編み止めができた。

❷ 2目ゴム編み止め

両端が表目2目の場合

動画でチェック

2目
ゴム編み止め

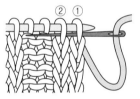

1 ①と②の目に向こうから針を入れる。

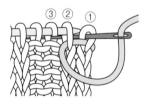

2 ①の目の手前から針を入れ、②の目の後ろを通し③の目の向こうに出す。

表目に表から入れて表に出す

3 ②の目の手前から針を入れ、③、④の目の前を通して⑤の目の手前に出す。

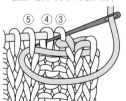

裏目に裏から入れて裏に出す

4 ③の目の向こうから針を入れ、④の目の向こうに出す。

表目に表から入れて表に出す

5 ⑤の目の手前から針を入れ、⑥の目の手前に出す。

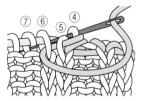

裏目に裏から入れて裏に出す

6 ④の目に戻って向こうから針を入れ、⑤、⑥の後ろを通して⑦の目の向こうに出す。

7 3〜6をくり返し、編み終わりの2目には図のように針を入れる。

8 編み終わりから3目めの裏目と端目に、図のように向こうから針を入れて糸を引く。

なるほど！

右端が表目3目の場合

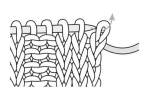

1 端目の向きを入れ替える。

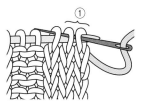

2 端2目をまとめて①の目と考え、68ページの2目ゴム編み止めと同様に操作する。

輪編みの場合

編み終わり（☆）

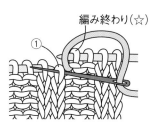

1 ①の目に向こうから針を入れる。

2 編み終わりの目に手前から針を入れる。

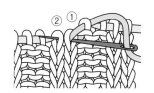

3 ①の目の手前から針を入れ、②の目の手前に出す。

4 編み終わりの目に向こうから針を入れ、①、②の後ろを通して③の目の向こうに出す。

5 ②の目の手前から針を入れ、⑤の手前から出す。次は③の目の向こうから針を入れて、④の目の向こうに出す。

6 3〜5をくり返し、最後は①の目に針を出してから、矢印のように針を入れて糸を引く。

お悩みQ&A

Q ゴム編み止め、難しくてうまくできません。

A 針の動きは意外にシンプルです。実験してみましょう。

とじ針をあっちに入れたりこっちに入れたり、苦手な人が多いゴム編み止め。でも断面を見ると意外にシンプル。VWV…「V」の字が並んでいることがわかります。ゴム編み止めをすることで、ゴム編みの断面にメリヤス編みを1段分作っているのです。

上から見たところ

ゴム編み止めは「V」の形。

横から見たところ

糸の引き具合は、「V」の字がゴム編みの目と同じ大きさになるように。

ゴム編み止めのポイント

● とじ針を使って、1つの目に2回ずつ針を通しながら止める。
● 表目どうし、裏目どうしに交互にとじ針を入れる。
● 糸の引き具合は、ゴム編みの断面にメリヤス編みを1段分作る感覚で。

すごくやりにくい気がするの…

実験

「1目ゴム編み止め」針の動きを徹底解剖!

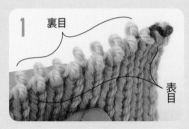

1　裏目　表目

1目ゴム編みを編んだ編み針を思い切って抜いてみましょう。このように表目と裏目が前後に分かれます。

2　表目

とじ針を「表目に表から入れ」、隣の「表目の表に出し」ます(67ページ上の3の操作)。

3　裏目

次は、とじ針を「裏目に裏から入れ」、隣の「裏目の裏に出し」ます(67ページ上の4の操作)。裏目の裏は表目です。これは裏から見ると、2と同じ操作をしています。

4　表目

2、3の繰り返しが1目ゴム編み止めです。前後に分かれた表目と裏目の間を、メリヤスはぎ(71ページ)の要領でつないでいるのです。

はぎ方

目と目、目と段をつなぐことを「はぐ」といいます

メリヤスはぎ

ここに	靴下のつま先、スヌードを輪にするときなどに
特徴	はぎ位置が目立たない。伸縮性がある
大切	とじ針を使い、1つの目に2回ずつ針を通す
大切	はぐのに必要な糸＝編み地幅の約3.5倍

① 両方の目に針がかかっている場合

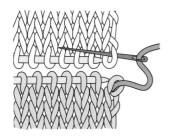

1 下の編み地の端目から糸を出し、上の編み地の端目に、図のような向きで針を入れる。

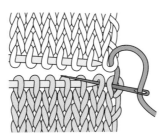

2 下の編み地の端目と2目めに、図のように針を入れる。

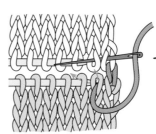

3 上の編み地の端目と2目めに、図のように針を入れる。

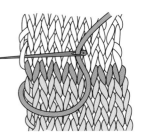

4 2、3をくり返す。最後は上の編み地の端目に図のように針を入れる。

② 片方の目が作り目の場合

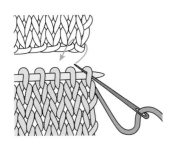

1 下の編み地の端目から糸を出し、上の編み地の端目に矢印のように針を入れる。

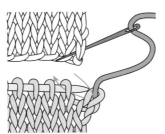

2 下の編み地の端目と2目めに、矢印のように針を入れる。

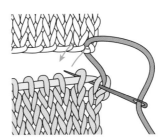

3 上の編み地の2目めに、矢印のように針を入れる。

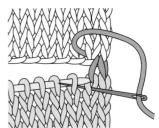

4 下の編み地の2目めと3目めに、図のように針を入れる。

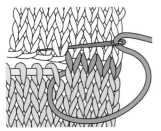

5 3、4をくり返す。

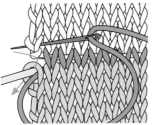

6 最後は、下の編み地の端目に図のように針を入れる。

「はぎ」に使う糸について

- 基本的に編み地と同じ糸を使う
- 編み終わりの糸端など、なるべく編み地についている糸を必要なだけ残しておいて使う
- 糸が太い場合は割り糸を使う（→82ページ）
- デコボコした糸は引っかかるので、同系色で中細のストレートヤーンを使う
- 何本か引きそろえて編んだ場合は、一番濃い色を使う（デコボコした糸は避ける）

③ 片方の目が伏せ止めしてある場合

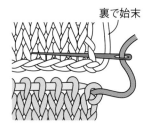

裏で始末

1 下の編み地の端目から糸を出し、上の編み地の端目に、図のような向きで針を入れる。

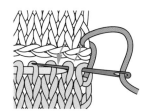

2 下の編み地の端目と2目めから図のように針を出し、上の編み地に矢印の向きで針を入れる。

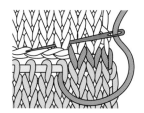

3 下の編み地は隣り合う2つの目をすくい、上の編み地はV字形の糸をすくって針を出す。

④ 裏メリヤス編みの場合

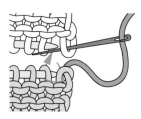

1 下の編み地の端目から糸を出し、上の編み地の端目に図の向きで針を入れる。下の編み地に戻り、矢印のように針を入れる。

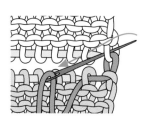

2 上の編み地の端目に図のように針を入れ、続けて2目めに矢印のように入れて裏に出す。

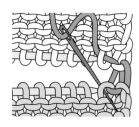

3 1、2をくり返して1つの目に2回ずつ針を入れて裏目を作る。

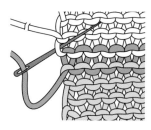

4 最後は図のように針を入れる。

ガーターはぎ

特　徴　はぎ位置が目立たない。伸縮性がある
大　切　とじ針を使い、1つの目に2回ずつ針を通す
大　切　はぐのに必要な糸＝編み地幅の約3.5倍

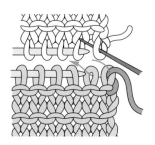

1 下の編み地の端目から糸を出し、上の編み地の端目に図の向きで針を入れる。下の編み地に戻り、矢印のように針を入れる。

2 上の編み地の端目と2目めに、矢印のように針を入れて裏に出す。

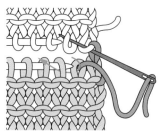

3 1、2をくり返して1つの目に2回ずつ針を入れてガーター編みを作る。

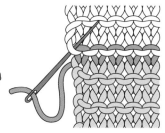

4 最後は図のように針を入れる。

引き抜きはぎ

ここに セーターの肩などに
特徴 伸びにくい。最も一般的なはぎ方
大切 編み地を中表に合わせて、かぎ針ではぐ
大切 はぎに必要な糸＝編み地幅の約5～7倍

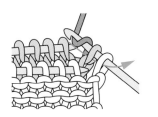 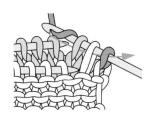 

1 2枚の編み地の端目をかぎ針に移して、糸をかけて引き抜く。

2 2目めどうしをかぎ針に移して、糸をかけ1で引き抜いた目といっしょに引き抜く。

3 2をくり返す。

かぶせ引き抜きはぎ

ここに セーターの肩などに
特徴 伸びにくい。裏目の多い編み地に向く
大切 編み地を中表に合わせて、かぎ針ではぐ
大切 はぎに必要な糸＝編み地幅の約5～7倍

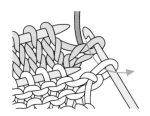 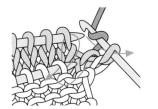 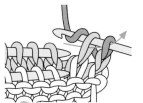 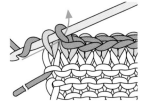

1 2枚の編み地の端目をかぎ針に移して、向こう側の端目を手前に引き出す。

2 1で引き出した目に糸をかけて引き抜く。2目めをかぎ針に移して1と同様に引き出す。

3 糸をかけて、かぎ針にかかっている2目をいっしょに引き抜く。

4 2、3をくり返す。

目と段のはぎ

ここに セーターのそでつけに
大切 はぎに必要な糸＝編み地幅の約2.5～3.5倍

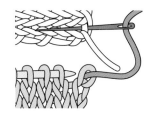 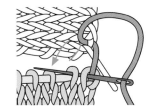 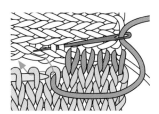

1 下の編み地の端目から糸を出し、上の編み地の1段めの渡り糸に針を入れる。

2 下側はメリヤスはぎと同様に針を入れ、上側は端目と2目めの間の渡り糸をすくう。

3 段のほうが多いので、等間隔に2段すくいながら平均にはぐ。糸は表から見えないように引く。

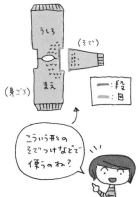

テクニックガイド

● はぎ方…引き抜きはぎ／かぶせ引き抜きはぎ／目と段のはぎ

73

とじ方 　段と段をつなぐことを「とじる」といいます

<table>
<tr><td>すくいとじ</td><td>ここに</td><td>セーターのわき、そで下などに</td></tr>
<tr><td></td><td>特　徴</td><td>端目がとじ代となってかくれるのできれいに仕上がる</td></tr>
<tr><td></td><td>大　切</td><td>編み地の表を見ながら、とじ針でとじる</td></tr>
<tr><td></td><td>大　切</td><td>とじに必要な糸＝40〜50cm
長過ぎると糸が傷んでくるので、新しい糸を足しながらとじる</td></tr>
</table>

① メリヤス編み

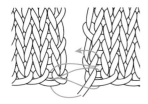

1 作り目で残した糸を使い、作り目と渡り糸を矢印のようにとじ針ですくう。

2 端目と2目めの間の渡り糸を、1段ずつ交互にすくって糸を引く。

3 2をくり返す。毎段とじ糸が見えない程度に糸を引く。

② メリヤス編み（減らし目部分）

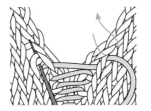

1 減らし目している部分は端目の内側の渡り糸と、減らし目した目をいっしょにすくう。

2 減らし目した目に再度針を入れ、上段の渡り糸をいっしょにすくう。半目ずつずらしながらとじる。

③ メリヤス編み（増し目部分）

右・左増し目

端目と2目めの間の渡り糸を、1段ずつ交互にすくって糸を引く。

ねじり増し目

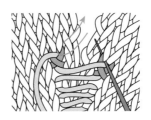

1 ねじり目で増し目した部分に、矢印のように針を入れる。

2 反対側の増し目部分にも、同様に針を入れる。

3 ねじり目の中にもう一度針を入れ、上段の端目の渡り糸もいっしょにすくう。半目ずつずらしながらとじる。

「とじ」に使う糸について	基本的に編み地と同じ糸を使う 編み終わりの糸端など、なるべく編み地についている糸を必要なだけ残しておいて使う 糸が太い場合は割り糸を使う（→82ページ） デコボコした糸は引っかかるので、同系色で中細のストレートヤーンを使う 何本か引きそろえて編んだ場合は、一番濃い色を使う（デコボコした糸は避ける）

④ 裏メリヤス編み

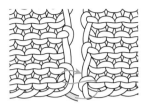 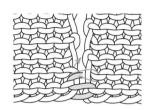 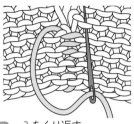

1 矢印のように、針を入れてすくう。

2 右側は端目と２目めの間の渡り糸をすくい、左側は端目の中に針を入れる。

3 ２をくり返す。

⑤ ガーター編み

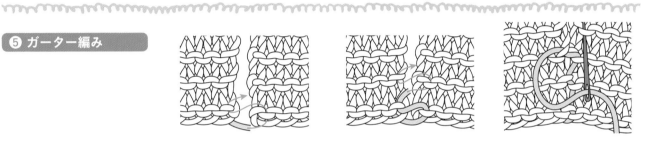
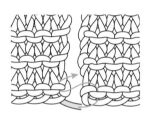 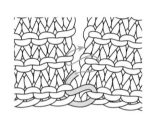

1 矢印のように針を入れてすくう。

2 右側は端目と２目めの間の渡り糸（下向きのループ）をすくい、左側は端目の中に針を入れる。

3 ガーター編みは２段１模様のため、毎段すくうと伸びるので１段おきに２をくり返す。

⑥ １目ゴム編み／編み始め側から

表２目

作り目の残り糸

1 図のように作り目の糸に針を入れてすくう。

2 端目と２目めの間の渡り糸を、毎段交互にすくう。

3 ２をくり返す。

⑦ １目ゴム編み／編み終わり側から

表２目

編み方向↓

ゴム編み止めした残り糸

1 ゴム編み止めの渡り糸を図のようにすくう。

2 次からは両側とも端目と２目めの間の渡り糸を、毎段交互にすくう。

3 ２をくり返す。

とじ方…すくいとじ（2目ゴム編み）　Q&A　編み方向が違うとき、とじめがずれちゃう…

⑧ 2目ゴム編み／編み始め側から

作り目の残り糸

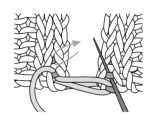

1 図のように作り目の糸に針を入れてすくう。

2 両側とも、端目と2目めの間の渡り糸を、毎段交互にすくう。

3 2をくり返す。毎段とじ糸が見えなくなる程度に糸を引く。

⑨ 2目ゴム編み／編み終わり側から

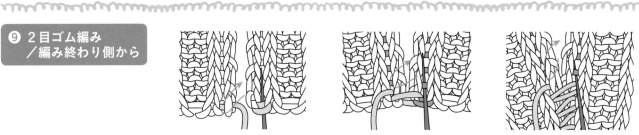

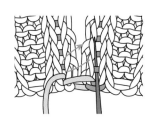

1 右側はゴム編み止めした糸を図のように2本すくい、左側は矢印の位置に針を戻してすくう。

2 次からは端目と2目めの間の渡り糸を、毎段交互にすくう。

3 2をくり返す。毎段とじ糸が見えなくなる程度に糸を引く。

お悩みQ&A

Q 編み方向が違うときって、とじめがずれちゃう…。

すそのゴム編みをあとから編んでいる場合って、メリヤス編みとゴム編みで半目ずれているけど（63ページ参照）、とじるときはこの部分はどうすればいいの？

A ずれても大丈夫!

ゴム編みからメリヤス編みに移る境目の段で、すくいとじを半目ずらし、メリヤス編みの1目内側に針を入れます。イラストのようにとじ代は半目ずれますが、編み目はつながっているようにきれいにとじられます。

ゴム編みからメリヤス編みに移るとき、両端とも半目ずらして、矢印のようにメリヤス編みの1目内側に針を入れる。

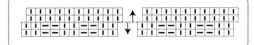

引き抜きとじ

ここに	セーターのそでつけなどに
特 徴	伸びにくいが、とじ代がごろつく。簡単で早くできる
大 切	編み地を中表に合わせ、かぎ針でとじる

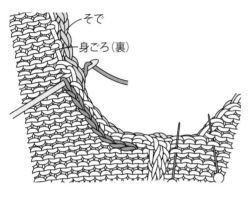

編み地を中表に重ね、わきと肩はぎ線を合わせてまち針を打つ。端目と2目めの間にかぎ針を入れ、糸を引き抜きながらとじる。かぎ針は編み地に直角に入れる。

返し縫いとじ

ここに	セーターのそでつけなどに
特 徴	引き抜きとじよりとじ代がごろつかない
大 切	編み地を中表に合わせ、とじ針でとじる

編み地を中表に重ね、わきと肩はぎ線を合わせてまち針を打つ。端目と2目めの間にとじ針を入れる。1段進んで1段戻りながらとじる。

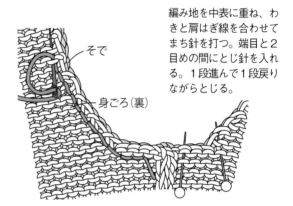

お悩みQ&A

Q とじていて、左右の段がいつも最後で合いません。どうして（泣）!?

わきでもそで下でも、とじていて左右の段があったためしがありません。編んでいる段数は同じはずなのに…。どうして〜（泣）!?

A まち針を打ちましょう

とじる前に数カ所まち針でとめ、ずれていないか確かめながら、とじましょう。64ページを参考に「渡り糸」をたよりにとじてみてください。また、そでぐり、そで山の減らし目は、左右で1段ずれるため、身ごろのわきやそで下は左のほうが1段多くなるので、合わなくてもあわてずに。1、2段のずれなら、途中で多いほうを2段分一度にすくって調整しても差し支えありません。

編み込み模様

糸の色を替えながら、模様を作る編み方です

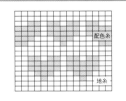

横に糸を渡す編み込み

ここに	横に並んだ模様や、細かい模様を編み込むときに
特　徴	横方向に地糸と配色糸を替えながら編む
特　徴	裏側には編まない糸が渡る

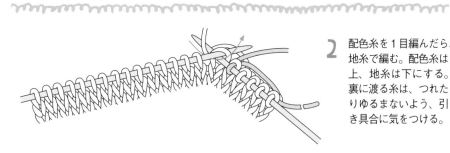

1 段の始めで、地糸に配色糸をはさみ込んでおく。配色糸で編む目にきたら、地糸を下にして配色糸で編む。

2 配色糸を1目編んだら、地糸で編む。配色糸は上、地糸は下にする。裏に渡る糸は、つれたりゆるまないよう、引き合い具合に気をつける。

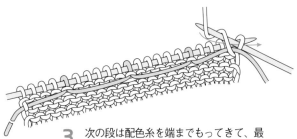

3 次の段は配色糸を端までもってきて、最初の目を編むときに地糸にはさみ込む。

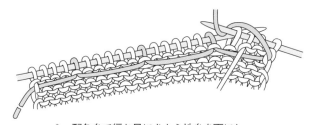

4 配色糸で編む目にきたら地糸を下にして休め、配色糸で編む。

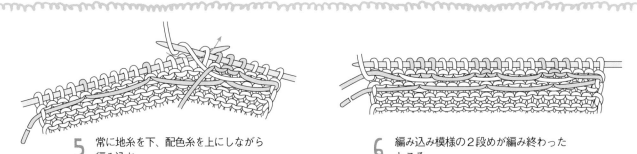

5 常に地糸を下、配色糸を上にしながら編み込む。

6 編み込み模様の2段めが編み終わったところ。

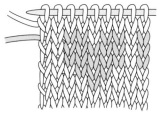

7 1模様編めたところ。

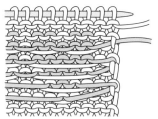

裏側。裏に渡した糸が、ゆるんだりつれたりしないようにする。

縦に糸を渡す編み込み

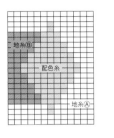

ここに大切 縦に並んだ模様や縦じま模様を編むときに
糸色が替わるごとに、別の糸玉を使う

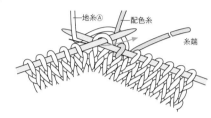

1 編み込み模様の最初の段は、1目の編み込みなので、横に糸を渡す方法(78ページ参照)で配色糸を編む。

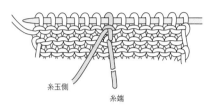

2 次の段も1目の編み込み。配色糸を編む目にきたら、配色糸で地糸Ⓐをはさむようにして編み、続けて横に糸を渡す方法で編む。

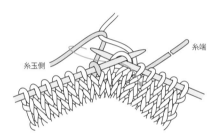

3 編み込み模様3段め。地糸Ⓐを下、配色糸を上にして配色糸で3目編む。

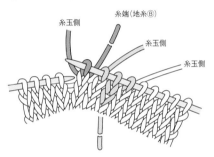

4 次は地糸で編むが、地糸Ⓑの糸玉を用意して編み始める。

5 編み込み模様3段めの編み終わり。

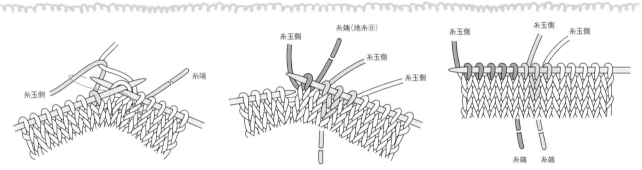

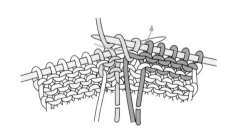

6 編み込み模様4段め。地糸Ⓑをはさむようにして配色糸で編む。配色糸と地糸ⒶとⒷは、裏側でそれぞれ糸が交差して渡る。

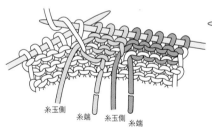

7 配色糸で3目編んだら、休めていた地糸Ⓐで配色糸をはさむようにして編み、続けて、地糸Ⓐで段の終わりまで編む。

毛糸はカゴなどに入れるのがおすすめ。

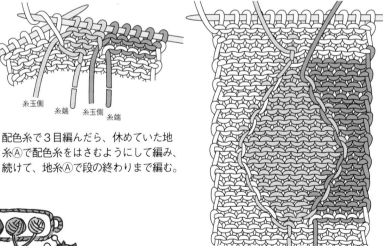

8 同様にして糸を交差させながら編む。模様の最後の2段は1目の編み込みなので、1、2のように横に糸を渡す方法で編む。

糸を編みくるむ編み込み

特　徴	カウチンセーターを編むときに使う技法なので「カウチン編み」ともいう
特　徴	地厚でしっかりとした仕上がりになる
ここに	撚りのない糸の編み込みに

表

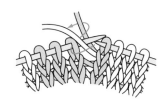

1 2本の毛糸を左手にかけながら編む。編む糸を渡す糸の下にして矢印のように針を入れて編む。

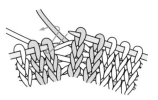

2 次の目は編む糸を渡す糸の上にして矢印のように針を入れて編む。1、2をくり返す。

裏

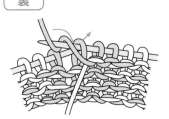

3 編む糸を渡す糸の上にして矢印のように針を入れて編む。

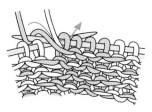

4 次の目は編む糸を渡す糸の下にして矢印のように針を入れて編む。3、4をくり返す。

お悩みQ&A

Q 「別糸を編み込む」って書いてあるけど、どういうこと？

A 手袋の親指やポケットなどを編むときに使う方法です。

手袋の親指やポケットを編むときは、つけ位置に別糸を編み込んでおいて、あとから別糸をほどいて目を拾い、親指やポケットを編みます。

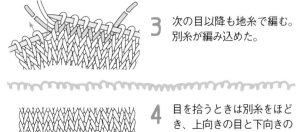

別糸を
編み込む
↓
（親指穴）

1 別糸を編み込む位置にきたら地糸を休め、新しい糸をつけて指定の目数を編む。

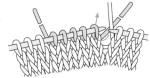

2 1で編んだ別糸を左の針に戻し、休めておいた地糸で別糸で編んだ目を編む。

3 次の目以降も地糸で編む。別糸が編み込めた。

4 目を拾うときは別糸をほどき、上向きの目と下向きの目をそれぞれ針に通す。手袋の指を編む場合は、ピンク色の渡り糸もねじりながら拾うと、編み地に穴があきにくい。

しま模様の編み方

ここに　2〜4段ごとの細い横しまに

大切　幅の広いしまは、その都度糸を切って始末する

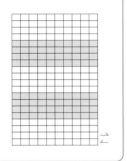

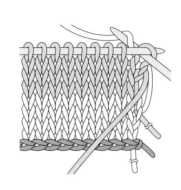

段の編み始めで、これまで編んでいた糸を手前側において休め、これから編む糸を向こう側にして編み進める。端は右図のように糸が渡る。

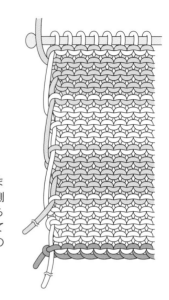

メリヤス刺しゅう

特徴　メリヤス編みの編み目に沿って、とじ針で刺す

大切　メリヤス編みにきれいに重なるよう、糸を引き過ぎないよう注意

① 横に進む

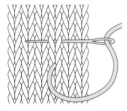

1　刺しゅうする目の1段下の編み目の中から糸を出し、1段上の段の後ろ側に針を通す。

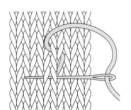

2　1で針を出した位置に針を入れ、隣の目の中から針を出す。

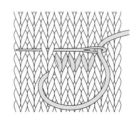

3　1、2をくり返す。

② 縦に進む

1　刺しゅうする目の1段下の編み目の中から糸を出し、1段上の段の後ろ側に針を通す。

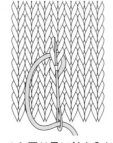

2　1と同じ目に針を入れ、次に刺しゅうする目の1段下から針を出す。

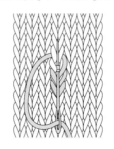

3　1、2をくり返す。

③ 斜めに進む

斜め上に進むとき

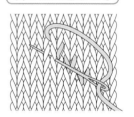

横に進む場合と同じだが、次の目に移るときに斜め上に針を出す。

斜め下に進むとき

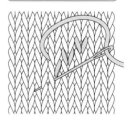

横に進む場合と同じだが、次の目に移るときに斜め下に針を出す。

ボタン穴の編み方とボタンのつけ方

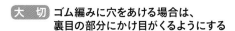

かけ目と2目一度であける

大 切 ゴム編みに穴をあける場合は、
裏目の部分にかけ目がくるようにする

小さいボタン穴

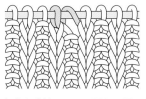

一般的な方法で、かけ目と2目一度
であける。裏目の位置に穴があくよ
う、裏目の位置でかけ目をする。

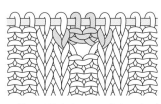
大きいボタン穴

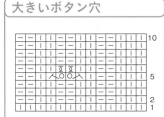

2目かけ目をするので大きい穴が
あく。穴をあけた次の段でねじり
目を編む。

無理穴

特 徴 編み上がってから位置を決め、
編み地に穴をあけるように作る

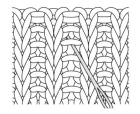

1 穴を作る目に針を入れ、上下
に編み目を広げる。

2 穴のまわりをボタンホール・ステ
ッチして、広げた穴を固定する。

3 糸端は裏で、ボタンホール・ステ
ッチした糸に通してからげ、始末する。

ボタンのつけ方

大 切 割り糸か、ボタンつけ糸を使う
大 切 かけはずしをするボタンには
力（ちから）ボタンをつけると、糸の抜けを防ぎ、
丈夫につけられる

1 糸は2本どりにし
て玉結びを作り、
力ボタンに図のよ
うに通しておく。

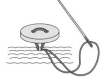

2 編み地の厚さに応
じて糸足の長さを
決めてボタンをつ
ける。力ボタンに
は糸足はつけない。

3 糸足に糸をすき間
なく巻く。

4 編み地の裏で玉止
めをし、針を力ボ
タンに通して表に
出し、糸を切る。

割り糸って？

ボタンつけは、編み
地と同じ糸を使うが、
糸が太くて、編み地
と同じ糸を使えない
場合は「割り糸」にし
てつける。毛糸の撚
りを戻すようにして
糸を分け、細くした
1本を使う。とじは
ぎなどで割り糸を使
うこともある。

糸のよりを
戻すようにして
わけるよ

仕上げ

アイロンかけ

> **大切** 編み地から少し浮かせてスチームアイロンをかける
> **大切** 仕上げ以外は編み地の裏からかける
> **大切** アイロン後は冷めるまで動かさない

パーツが編めたらアイロン

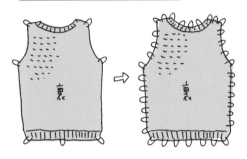

製図の寸法に合わせてまち針を打ってアイロンをかける。まち針は最初に角に打ち、次にその中央に打ち、さらにこまかく打つ。

とじはぎでアイロン

パーツをつなげたら、とじめ、はぎめ、そでつけ部分にその都度アイロンをかける。

仕上げでアイロン

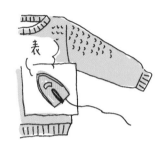

表側から当て布をして、全体に軽くかける。

糸始末

> **大切** 編み終わりの糸始末も同様にする

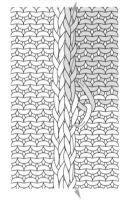

編み地の端で替えたとき

とじ終わってから糸端をとじ針に通し、とじ代に糸端をからげて始末する。

編み地の途中で替えたとき

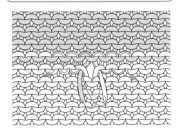

編み終わった糸も新しい糸も糸始末用に10cmくらい残しておく。編み終わってから糸を交差させ、左右の編み目にくぐらせて始末する。

お悩みQ&A

Q 糸があと少し。この糸で1段編めるかどうか判断する方法ってある?

貧乏性なので「たぶん編めそう!」と思って編み始めるんだけど、やっぱり足りなかった…ってことになりがちです。

A 一応の目安はあります。

確かに、段の途中で糸を替えるよりは、編み地の端で替えるほうがいいですよね。メリヤス編みの場合は編み地幅の4〜4.5倍あれば大丈夫です。といっても糸の種類や手加減で大分変わってきます。1目編んでほどき、1目編むのに何センチ必要か測ってみると、1段に必要なおおよその長さをかけ算で計算することができます。

1、2段
ごまかす わきの
すくいとじ

途中でこまめにチェックを

「すくいとじが苦手！」という人は多いもの。77ページのお悩みQ&Aを参考に、ずれていないか確かめながらとじましょう。1、2段程度なら多いほうを2段分一度にすくって調整してもOK。あまり神経質にならずに、手作りを楽しんで。

超実践

編む手順をしっかり覚えよう

セーターナビゲーション

作品作りには、きれいに効率よく作るコツや手順があります。

ここではメリヤス編みのシンプルなセーターを例に、

作り方の手順を詳しく解説しています。

「セーターなんて自信がない!」というあなたもきっと完成できますよ。

初めてのセーターに挑戦してみませんか?

シンプルなメリヤス編みのセーターで、実際に作品を編む手順を覚えましょう。

デザイン・制作／shizuka

覚えまーす

材料
糸…リッチモア スペクトルモデム（40g玉巻）オレ
ンジ色(17)430g
用具／ハマナカ アミアミ玉付・2本針　8号、6号、
特長・4本針　6号、8/0号かぎ針、とじ針
ゲージ／メリヤス編み18目、24段が10cm角
でき上がり寸法／胸囲96cm　着丈57cm　背肩幅
37cm　そで丈54.5cm

編み方
● 糸は1本どりで編みます。
● 前後身ごろとそでは、あとでほどく作り目をして、メリヤス
編みで編みます。作り目をほどき、すそとそで口に2目ゴム編
みを編んで、2目ゴム編み止めをします。肩を引き抜きはぎに
し、えりぐりから拾い目して、えりを2目ゴム編みで輪に編ん
で2目ゴム編み止めをします。わきとそで下をすくいとじにし、
そでを引き抜きとじでつけます。

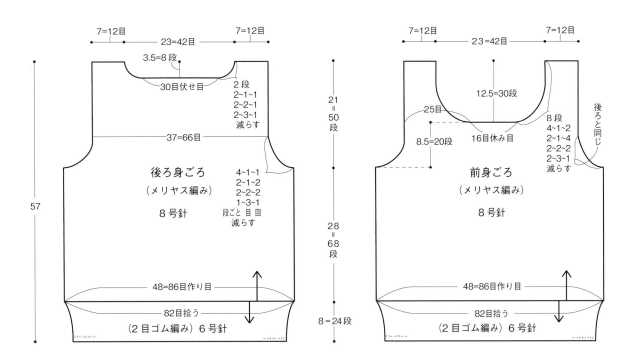

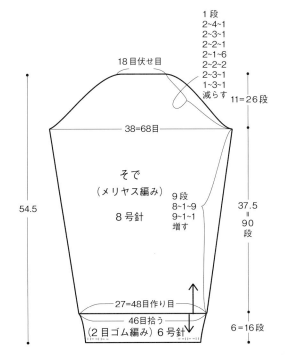

えりぐり（2目ゴム編み）6号針

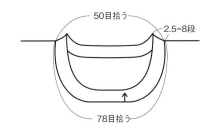

編み始める前に

材料をそろえます

リッチモア スペクトルモデムは1玉40g。作品は430gなので11玉必要。でも、失敗したり足りなくなったときのために、1玉多めに用意しておきましょう。

ゲージをとります

まずはメリヤス編みを15cm角程度編んでゲージを測りましょう。10cm角の中に何目何段あるか数えます。作品は18目、24段が10cm角です。

「ゲージのとり方、調整方法」➡ 37ページ

1玉、多めに
用意しておくと
安心！

STEP 1　後ろ身ごろを編みます

あとでほどく方法で86目作り目をして、わきまで68段はまっすぐにメリヤス編みで編みます。サイズ通りに編めているか、チェックしながら編みましょう。

「あとでほどける作り目」➡ 13ページ
「メリヤス編み」➡ 17ページ

68段編んだら、端で2目以上減らす方法で減らし目をします。1段で2目以上減らすときは、減らす段が左右でずれますが、1目だけ減らす場合は同段で表を見ながら減らします。そでぐりの減らし方を図で表すと右図のようになります。

「端で2目以上減らす方法」➡ 49ページ

いよいよ
編み始め！

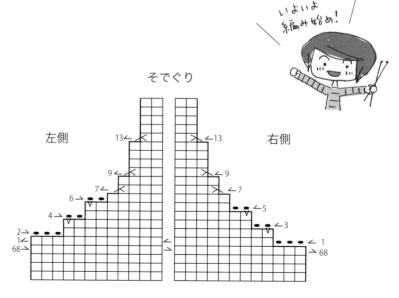

そでぐり

左側　　　　　　　　　　　右側

88

わきから上を42段編んだら、えり
ぐりを左右に分けて編みます。図
の赤線をたどって右肩から編みま
しょう。43段めの左側は別の針や
糸に通して休めておきます。
44段めは編み地の裏を見て3目減
らします。図の赤線に従って減ら
し目をしながら編み、8段編んだ

ら針に残っている目をほつれ止め
に通して休ませます。
次に、休めておいた左側の目を棒
針に戻します。新しい糸玉を使っ
て、まず中心を30目伏せ目してか
ら、青線に従って編み、編み終わ
ったら右肩と同様に目を休ませて
おきます。

編み終わりの糸端は肩をはぐとき
に使うので、編み地幅の5〜7倍
残しておきます。

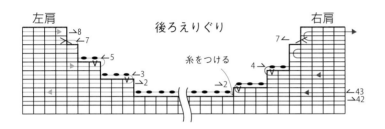

左肩　　　　後ろえりぐり　　　　右肩
糸をつける
8 7 5 3 2 2 4 7
←43
→42

STEP 2　前身ごろを編みます

えりぐりの減らし目までは後ろ身ごろ
と同様に編みます。前えりぐりは左側
（右肩）の目を別の針や糸に通して休め
ておき、左肩を赤線に従って減らしな
がら編みます。
左側は、中央の16目は休めたままにし、
図の位置に新しい糸をつけて青線に従
って編みます。
編み終わりの目はほつれ止めに移して
休め、糸端は糸始末分を残してカット
します。

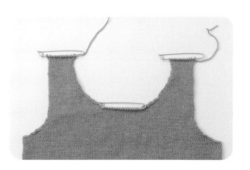

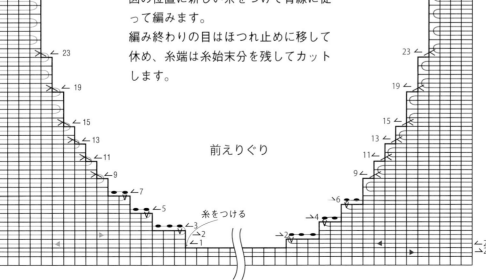

右肩　　　　　　前えりぐり　　　　　　左肩
糸をつける
30 23 19 15 13 11 9 7 5 3 2 1 2 4 6 9 11 13 15 19 23
←21
→20

減らし目も
ばっちり
覚えたよ！

89

STEP 3 そでを編みます

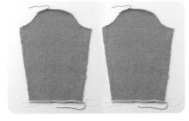

同じものを2枚編むよ

あとでほどく方法で48目作り目をして、最初は9段めの両側で増し目をします。その後は8段ごとに増し目をしながら計90段編みます。

91段めからはそで山に向かって減らし目をしながら編みますが、2目以上減らす段は左右で減らし目をする段が1段ずれます。残った18目は伏せ目にします。

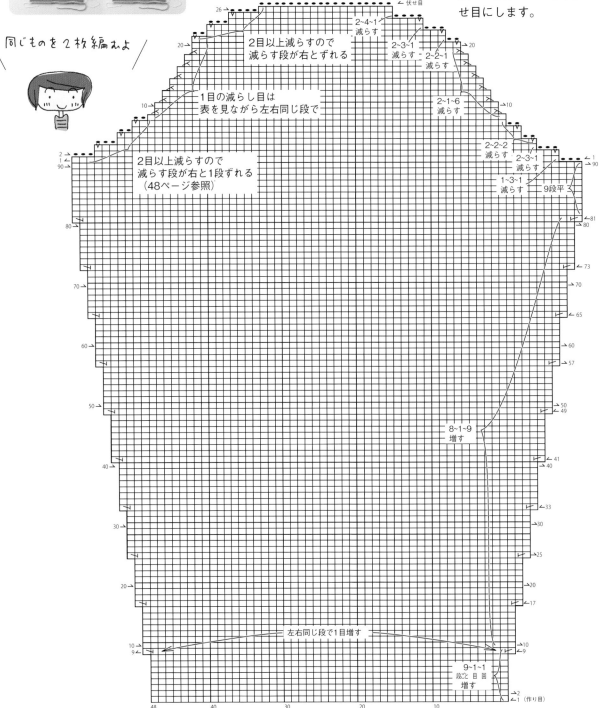

2目以上減らすので
減らす段が右とずれる

1目の減らし目は
表を見ながら左右同じ段で

2目以上減らすので
減らす段が右と1段ずれる
（48ページ参照）

← 伏せ目

2-4-1
減らす

2-3-1
減らす

2-2-1
減らす

2-1-6
減らす

2-2-2
減らす

2-3-1
減らす

1-3-1
減らす

9段平

8-1-9
増す

左右同じ段で1目増す

9-1-1
段ごと 目 回
増す

(作り目)

STEP 4 すそとそで口の2目ゴム編みを編みます

作り目の別糸をほどいて目を拾い、身ごろのすそとそで口に2目ゴム編みを編みます。

「あとでほどける作り目からの拾い目」 ➡ 62ページ
「2目ゴム編み」 ➡ 18ページ

52ページの計算式で、何目ごとに減らし目をすればよいか考えましょう。

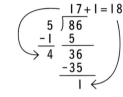

前・後ろ身ごろ86目を82目に減らす

➡➡➡ 4目減らすので5つの間隔に分ける

 図にするとこうなるよ！

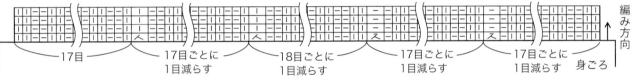

17目 ／ 17目ごとに1目減らす ／ 18目ごとに1目減らす ／ 17目ごとに1目減らす ／ 17目ごとに1目減らす 身ごろ 　編み方向

そで口48目を46目に減らす

➡➡➡ 2目減らすので3つの間隔に分ける

16目ごとを3回

 図にするとこうなるよ！

16目 ／ 16目ごとに1目減らす ／ 16目ごとに1目減らす そで 　編み方向

ゴム編みを身ごろは24段、そでは16段編んでゴム編み止めをします。ゴム編み止めをした糸は、わきやそで下をとじるときに使うので、長めに残しておきましょう。

「2目ゴム編み止め」 ➡ 68ページ

STEP 5 各パーツにアイロンをかけます

スチームをあてると編み目が整うよ！

毛布
布

身ごろとそでがサイズ通りになるよう、87ページの寸法を確認しながらまち針を打ってアイロンをかけます。アイロン台は毛布をたたんだもので代用できます。毛布の上に1枚布を敷いて使いましょう。

「アイロンかけ」 ➡ 83ページ

STEP 6　肩をはぎます

ほつれ止めを通しておいた肩の休み目に針を通し、前後の身ごろを中表に合わせます。後ろ身ごろ側で残しておいた糸を使って、両肩を引き抜きはぎではぎ合わせます。はぎめにはアイロンをかけておきます。

「引き抜きはぎ」➡ 73ページ
「アイロンかけ」➡ 83ページ

STEP 7　えりを編みます

65ページの図を参照してえりぐりから拾い目して、6号4本棒針の3本の針にとります。拾い目はゆるみやすいのできつめに拾うか、1号細い針を使うときれいに拾えます。6号4本針で2目ゴム編みを8段輪に編んで、2目ゴム編み止め(輪編みの場合)をします。

「えりぐりからの拾い目」➡ 65ページ
「2目ゴム編み止め(輪編みの場合)」➡ 69ページ

STEP 8　わきとそで下をすくいとじにします

身ごろのわきをとじます。まち針を打って段数を確認しながら、端目と2目めの間の渡り糸をすくってとじます。そで下も同様にとじますが、増し目の部分があるので、気をつけます。とじ終わったら、とじめにアイロンをかけましょう。

「すくいとじ」➡ 74〜76ページ
「アイロンかけ」➡ 83ページ

STEP 9 そでをつけます

身ごろのそでぐりに、そでを中表に重ね、まち針を打って引き抜きとじにします。直線の部分はメリヤス編みの目がずれないように確かめながらとじましょう。とじたらとじめにアイロンをかけます。

「引き抜きとじ」 ➡ 77ページ
「アイロンかけ」 ➡ 83ページ

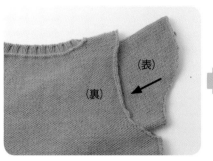  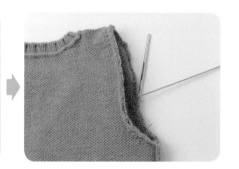

STEP 10 糸始末をしてアイロンをかけます

そでつけが終わったら、糸始末をしましょう。とじ針を使って、編み地の端に糸をからげます。毛糸の場合は、繊維どうしがからまるので、玉止めをしなくてもほどけてくる心配はありません。最後に当て布をして、アイロンを軽くかけて完成です。

「糸始末」 ➡ 83ページ
「アイロンかけ」 ➡ 83ページ

完成!!

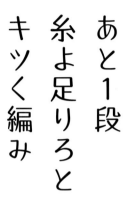

あと1段
糸よ足りろと
キツく編み

糸は多めに準備しよう

途中で糸が足りなくなって買い足すと、ロットナンバー(9ページ参照)が異なって、微妙に糸色が変わってしまうことがあります。最悪の場合、廃番などで同じ糸が手に入らない場合も。糸はできるだけ1玉多めに買っておくと安心です。

保存版

知りたいときに
すぐ調べられる！

編み目記号事典

編みものをするときに避けては通れないのが「編み目記号」。
見慣れない記号を見ると、「難しそう！」と思ってしまいますが、
ほとんどは、表目と裏目を応用してできるものばかりです。
わからない記号が出てきたら、このページを頼りにしてください。
基本の表目と裏目は、動画でも針の動きを確認できます。

表目
おもてめ

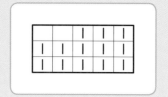

動画でチェック
表目

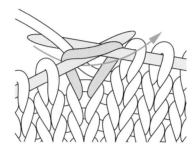

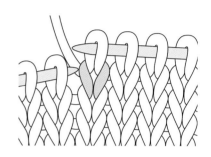

1 糸を左針の向こうにおき、右針を矢印のように手前から入れる。

2 右針に糸をかけて、矢印のように手前に引き出す。

3 表目が編めた。

裏目
うらめ

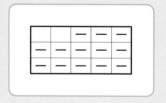

動画でチェック
裏目

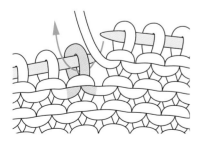

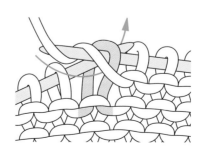

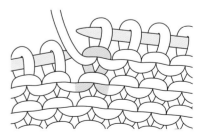

1 糸を左針の手前におき、右針を矢印のように向こうから入れる。

2 右針に糸をかけて、矢印のように向こうに引き出す。

3 裏目が編めた。

ねじり目

ねじりめ

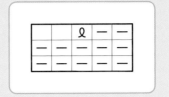

1 糸を左針の向こうにおき、右針を矢印のように向こうから入れる。

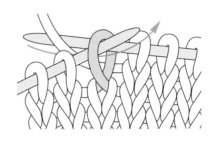

2 表目と同じように編む。

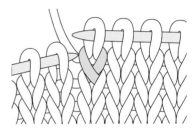

3 ねじり目が編めた。1段下の目がねじれる。

ねじり目（裏目）

ねじりめ（うらめ）

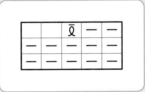

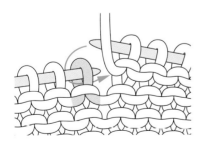

1 糸を左針の手前におき、右針を矢印のように向こうから入れる。

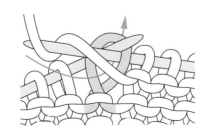

2 裏目と同じように編む。

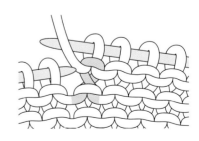

3 ねじり目が編めた。1段下の目がねじれる。

※本によって描き方が違う「編み目記号」は2種類紹介しています。　97

伏せ目
ふせめ

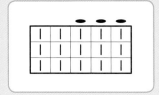

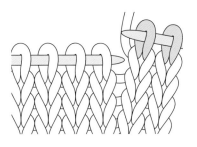

1 表目を2目編む。

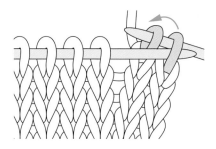

2 1目めを2目めにかぶせる。

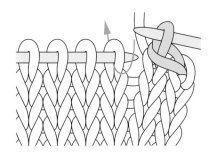

3 伏せ目が1目できた（1目めが伏せられた状態）。また次の目を編んで2目めをかぶせる。これをくり返す。

伏せ目（裏目）
ふせめ（うらめ）

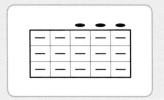

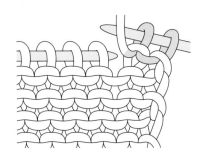

1 裏目を2目編む。

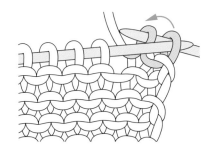

2 1目めを2目めにかぶせる。

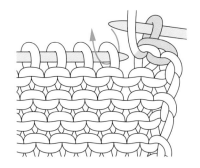

3 伏せ目が1目できた（1目めが伏せられた状態）。また次の目を編んで2目めをかぶせる。これをくり返す。

かけ目
かけめ

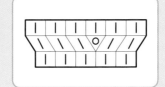

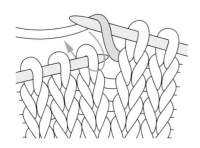

1 右針に糸をかけ、次の目を表目で編む。

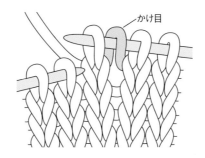

かけ目

2 針にかかっているのがかけ目。

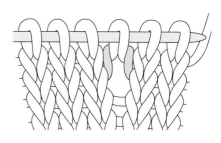

3 もう1段編んだところ。かけ目の部分に穴があく。

かけ目（裏目）
かけめ（うらめ）

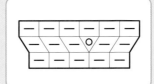

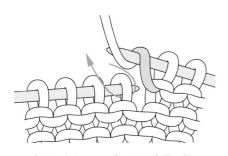

1 右針に糸をかけ、次の目を裏目で編む。

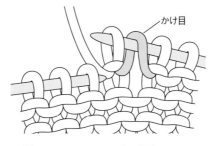

かけ目

2 針にかかっているのがかけ目。

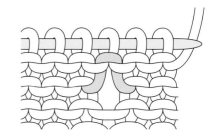

3 もう1段編んだところ。かけ目の部分に穴があく。

右上2目一度

みぎうえにめいちど

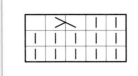

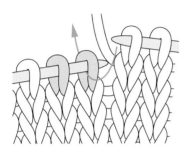

1 糸を向こうにおき、右針を矢印のように入れて、編まずに右針に移す。

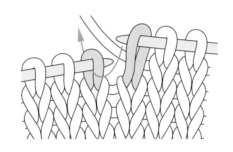

2 次の目を表目で編む。

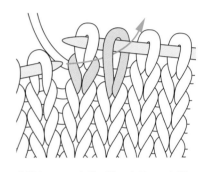

3 左針を、1で右針に移した目に、矢印のように入れる。

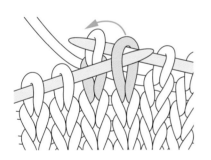

4 2で編んだ目にかぶせる。

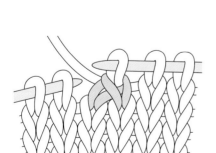

5 1段下の左の目の上に右の目が重なり、右上2目一度が編めた。

かけ目と2目一度で編む模様編みの例

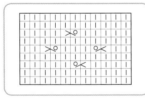

かけ目は2目一度と組み合わせて透かし模様などを作るときによく使われます。かけ目をして増えた目を2目一度で減らすので、1段の目数は変わりません。

右上２目一度（裏目）
みぎうえにめいちど（うらめ）

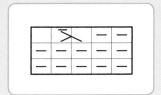

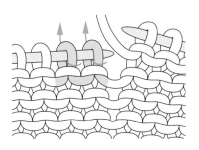

1 糸を手前におき、右針を矢印のように入れて、２目を右針に移す。

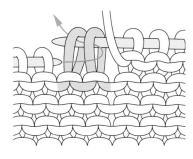

2 1で移した２目を、左針を矢印のように入れて戻し、目の順序を入れ替える。

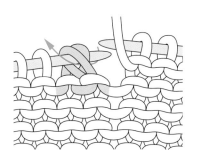

3 2で左針に戻した２目に、右針を矢印のように入れる。

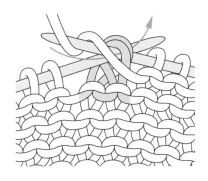

4 ２目を一度に、裏目で編む。

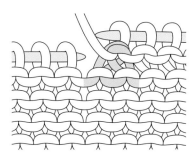

5 １段下の左の目の上に右の目が重なり、右上２目一度（裏目）が編めた。

左上2目一度

ひだりうえにめいちど

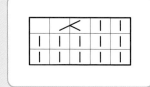

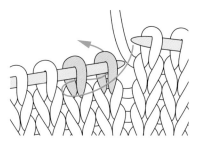

1 糸を向こうにおき、右針を2目に矢印のように一度に入れる。

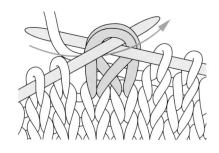

2 2目を一度に表目で編む。

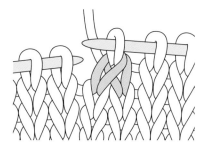

3 1段下の右の目の上に左の目が重なり、左上2目一度が編めた。

左上2目一度（裏目）

ひだりうえにめいちど（うらめ）

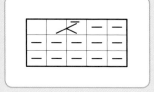

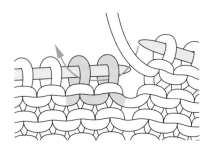

1 糸を手前におき、右針を2目に矢印のように一度に入れる。

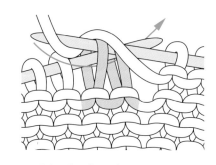

2 2目を一度に裏目で編む。

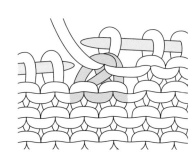

3 1段下の右の目の上に左の目が重なり、左上2目一度（裏目）が編めた。

編み目記号事典

● 左上2目一度 ● 左上2目一度（裏目）

※本によって描き方が違う「編み目記号」は2種類紹介しています。

中上３目一度

なかうえさんめいちど

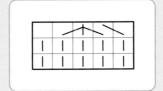

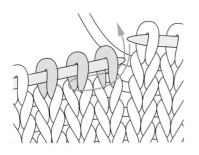

1 糸を向こうにおき、２目は編まずに、矢印のように一度に針を入れて右針に移す。

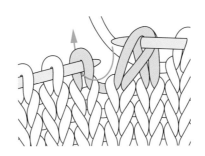

2 次の目を表目で編む。

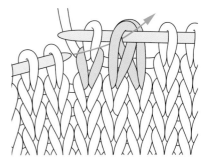

3 1で右針に移した２目に左針を入れる。

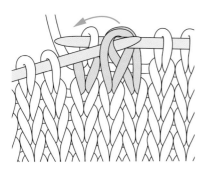

4 左の目にかぶせる。

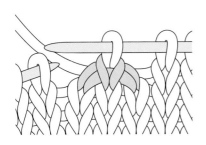

5 １段下の左の目の上に右の目、一番上に中央の目が重なり、中上３目一度が編めた。

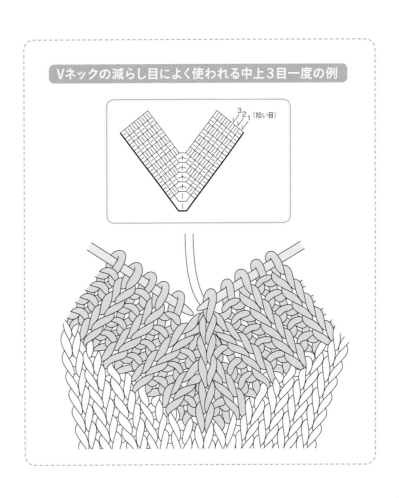

Ｖネックの減らし目によく使われる中上３目一度の例

103

右上３目一度
みぎうえさんめいちど

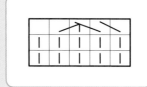

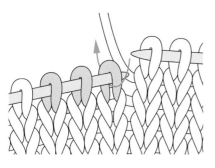

1 糸を向こうにおき、１目めは編まずに矢印のように針を入れて右針に移す。

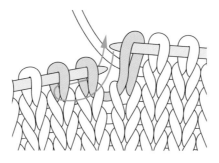

2 次の２目を左上２目一度で編む。

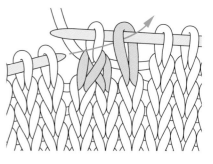

3 1で右針に移した目に左針を入れる。

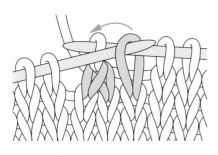

4 左の目にかぶせる。

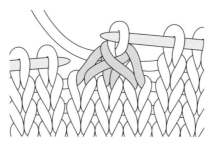

5 １段下の中央の目の上に左の目、一番上に右の目が重なり、右上３目一度が編めた。

右上3目一度（裏目）

みぎうえさんめいちど（うらめ）

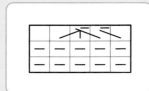

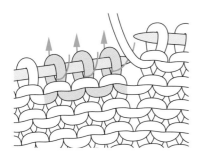

1 糸を手前におき、左針の3目に右針を矢印のように順番に入れて、編まずに右針に移す。

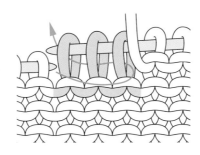

2 1で移した3目を、左針を矢印のように一度に入れて戻し、目の順序を入れ替える。

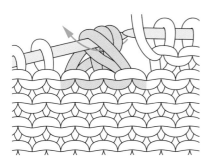

3 2で左針に戻した3目に、右針を矢印のように入れ、裏目を編む。

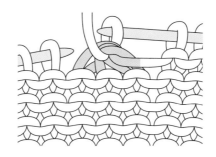

4 1段下の左の目の上に中央の目、一番上に右の目が重なり、右上3目一度（裏目）が編めた。

ガーン！

間違えたの？
編みものは ほどけば
やり直せるから 大丈夫！

※本によって描き方が違う「編み目記号」は2種類紹介しています。　105

左上3目一度

ひだりうえさんめいちど

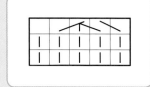

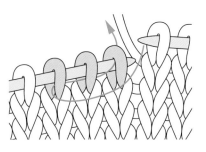

1　糸を向こうにおき、左針の3目に矢印
のように右針を一度に入れる。

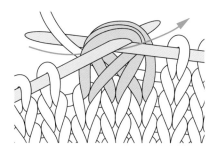

2　3目を一度に表目で編む。

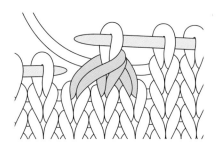

3　1段下の右の目の上に中央の目、一番
上に左の目が重なり、左上3目一度が
編めた。

左上3目一度（裏目）

ひだりうえさんめいちど（うらめ）

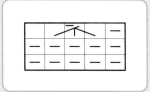

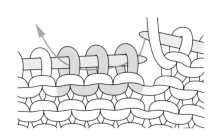

1　糸を手前におき、左針の3目に矢印の
ように右針を一度に入れる。

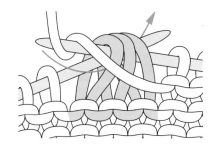

2　3目を一度に裏目で編む。

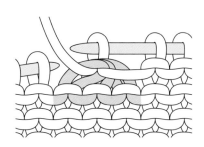

3　1段下の右の目の上に中央の目、一番
上に左の目が重なり、左上3目一度（裏
目）が編めた。

右寄せ目

みぎよせめ

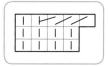
右増し目をして、1段下の右隣の2目が右に傾いた状態のこと。

左上2目一度をして、1段下の左隣の2目が右に傾いた状態のこと。

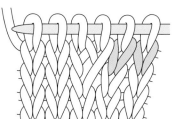

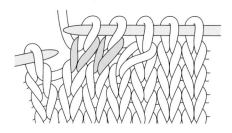

右寄せ目（裏目）

みぎよせめ（うらめ）

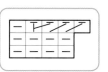
右増し目（裏目）をして、1段下の右隣の2目が右に傾いた状態のこと。

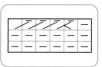
左上2目一度（裏目）をして、1段下の左隣の3目が右に傾いた状態のこと。

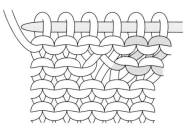

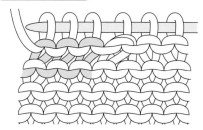

左寄せ目

ひだりよせめ

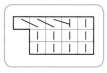
左増し目をして、1段下の左隣の2目が左に傾いた状態のこと。

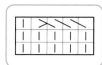
右上2目一度をして、1段下の右隣の2目が左に傾いた状態のこと。

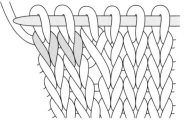

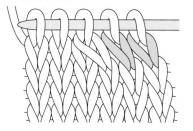

左寄せ目（裏目）

ひだりよせめ（うらめ）

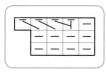
左増し目（裏目）をして、1段下の左隣の2目が左に傾いた状態のこと。

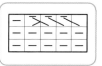
右上2目一度（裏目）をして、1段下の右隣の2目が左に傾いた状態のこと。

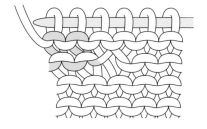

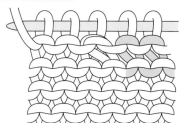

※同段で増し目や減らし目をして目が自然に傾いた状態を寄せ目といい、寄せ目のための操作はありません。

右増し目
みぎましめ

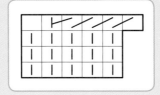

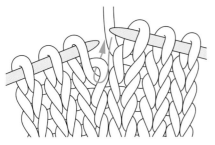

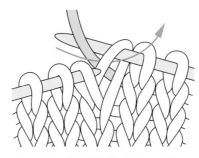

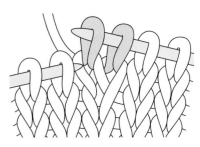

1 糸を向こうにおき、増す目の1段下の目を矢印のように右針ですくう。

2 1ですくった目を表目で編み、左針にかかっている目も表目で編む。

3 右側に1目増え、右増し目が編めた。

右増し目（裏目）
みぎましめ（うらめ）

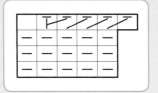

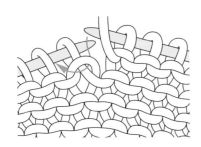

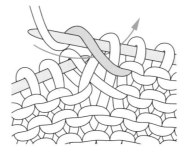

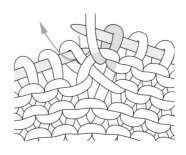

1 糸を手前におき、増す目の1段下の目を矢印のように右針ですくう。

2 1ですくった目を引き上げて、裏目で編む。

3 左の針にかかっている目を、裏目で編む。右側に1目増え、右増し目（裏目）が編めた。

左増し目
ひだりましめ

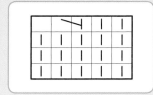

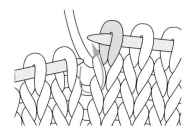

1 糸を向こうにおき、右針の2段下の目を左針で矢印のようにすくう。

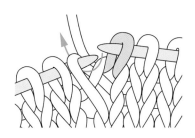

2 1ですくった目を引き上げ、表目で編む。

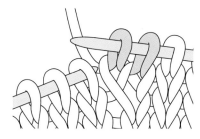

3 左側に1目増え、左増し目が編めた。

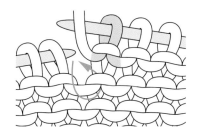

左増し目（裏目）
ひだりましめ（うらめ）

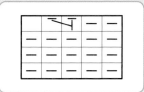

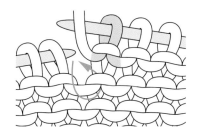

1 糸を手前におき、右針の2段下の目を左針で矢印のようにすくう。

2 1ですくった目を引き上げ、裏目で編む。

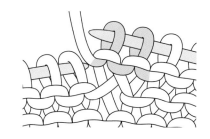

3 左側に1目増え、左増し目（裏目）が編めた。

右上交差

みぎうえこうさ

※下記「右上交差（2目）」のように、なわ編み針を使って編んでもよい。

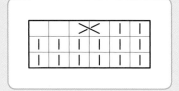

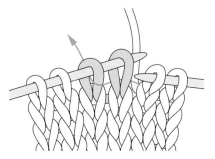

1 交差する目の、右側の目の向こうから、左側の目に矢印のように針を入れる。

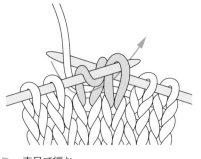

2 表目で編む。

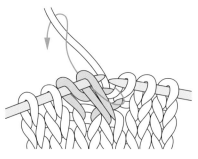

3 続けて、そのまま右側の目を表目で編む。

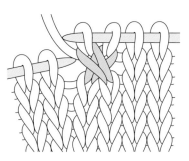

4 左針から2目をはずす。右上交差が編めた。1段下の右側の目が上になり、左側の目と入れ替わる。

右上交差（2目）

みぎうえこうさ（にめ）

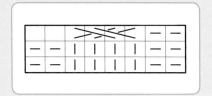

交差編みをくり返すとなわ編みに

交差を数段おきにくり返すと「なわ編み」になる。交差する目数は作品によってさまざまだが、編む操作は同じ。写真は右上交差（2目）。

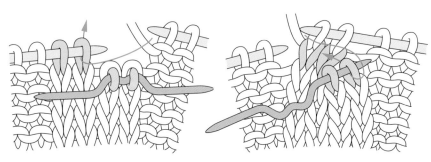

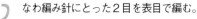

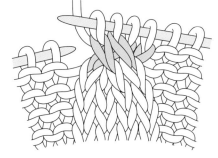

1 交差する目の最初の2目をなわ編み針にとって手前におき、次の2目を表目で編む。

2 なわ編み針にとった2目を表目で編む。

3 右上交差（2目）が編めた。1段下の右側の2目が上になり、左側の2目と入れ替わる。

左上交差
ひだりうえこうさ

※下記「左上交差（2目）」のように、なわ編み針を使って編んでもよい。

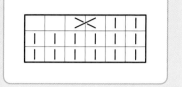

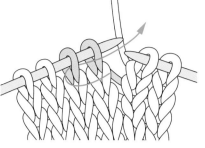

1 交差する目の、左側の目に、手前から矢印のように針を入れて右側に引き出す。

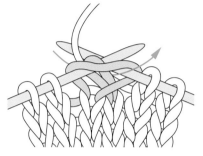

2 引き出した目を表目で編む。

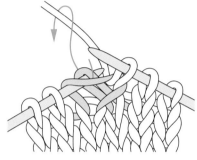

3 続けて、そのまま右側の目を表目で編む。

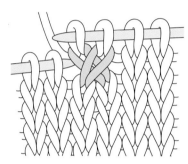

4 左針から2目をはずす。左上交差が編めた。1段下の左側の目が上になり、右側の目と入れ替わる。

左上交差（2目）
ひだりうえこうさ（にめ）

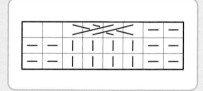

なわ編み符号図について

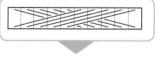

交差する目数が多いときは、こんな風に省略することもあります。

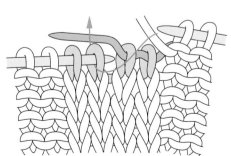

1 交差する目の最初の2目をなわ編み針にとって向こう側におき、次の2目を表目で編む。

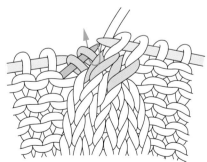

2 なわ編み針にとった2目を表目で編む。

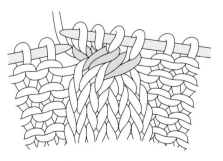

3 左上交差（2目）が編めた。1段下の左側の2目が上になり、右側の2目と入れ替わる。

右上交差（下が裏目）
みぎうえこうさ（したがうらめ）

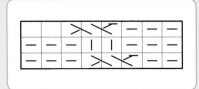

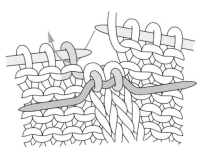
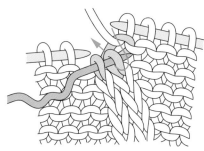
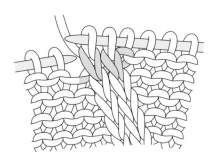

1 交差する目の最初の2目をなわ編み針にとって手前におき、次の目を裏目で編む。

2 なわ編み針にとった2目を表目で編む。

3 右上交差（下が裏目）が編めた。1段下の右側の表目2目が上になり、左側の裏目1目と入れ替わる。

左上交差（下が裏目）
ひだりうえこうさ（したがうらめ）

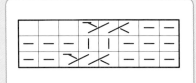

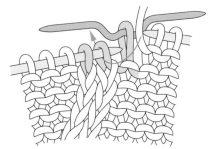
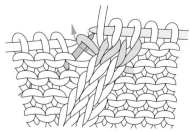
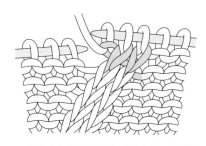

1 交差する目の最初の1目をなわ編み針にとって向こう側におき、次の2目を表目で編む。

2 なわ編み針にとった目を裏目で編む。

3 左上交差（下が裏目）が編めた。1段下の左側の表目2目が上になり、右側の裏目1目と入れ替わる。

右上交差(中央が裏目)
みぎうえこうさ（ちゅうおうがうらめ）

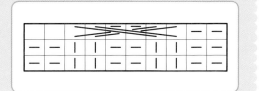

あ、難しそうだ‥‥

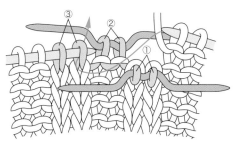

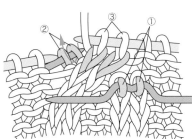

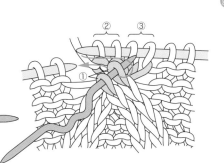

1 交差する目の最初の2目(①)と、中央の2目(②)を2本のなわ編み針に分けてとり、①を手前、②を向こう側におく。次の2目(③)を表目で編む。

2 ②の2目を裏目で編む。

3 最後に①の2目を表目で編む。中央②の裏目をはさんで、右側の表目2目(①)が上になり、左側の表目2目(③)と入れ替わる。

左上交差(中央が裏目)
ひだりうえこうさ（ちゅうおうがうらめ）

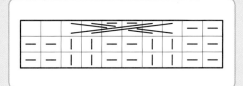

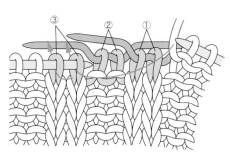

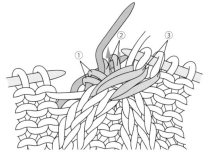

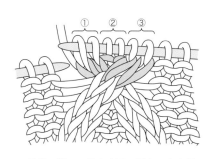

1 交差する目の最初の2目(①)と、中央の2目(②)を2本のなわ編み針に分けてとり、向こう側において③の2目を表目で編む。

2 ①の2目を手前にしてよけ、②の2目を裏目で編む。

3 最後に①の2目を表目で編む。中央②の裏目をはさんで、左側の表目2目(③)が上になり、右側の表目2目(①)と入れ替わる。

※本によって描き方が違う「編み目記号」は2種類紹介しています。　113

右上交差（ねじり目）

みぎうえこうさ（ねじりめ）

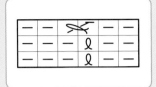

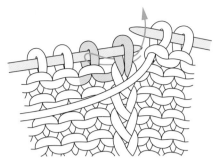

1 交差する目の、右側の目の向こうから、左側の目に矢印のように針を入れる。

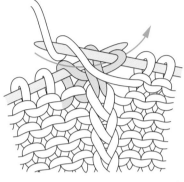

2 針を入れた目を、右の目の右側に引き出し、裏目で編む。

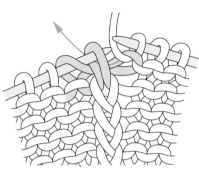

3 続けて、そのまま右側の目を、ねじり目（97ページ）で編む。

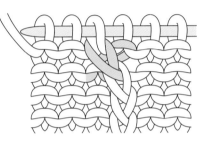

4 左針から2目をはずす。1段下の表目のねじり目が上になり、左側の裏目と入れ替わる。

左上交差（ねじり目）

ひだりうえこうさ（ねじりめ）

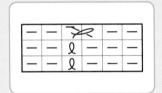

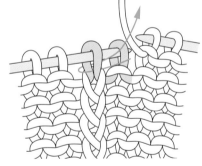

1 交差する目の、左側の目に、手前から矢印のように針を入れて右側に引き出す。

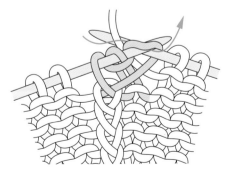

2 引き出した目をねじり目（97ページ）で編む。

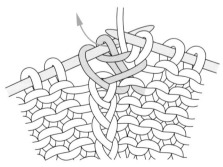

3 続けて、糸を手前におき、右側の目を裏目で編む。

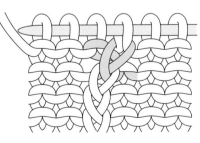

4 左針から2目をはずす。1段下の表目のねじり目が上になり、右側の裏目と入れ替わる。

右目を通す交差
みぎめをとおすこうさ

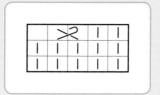

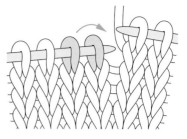

1　左針の端2目の、左の目を右針ですくって右の目にかぶせる。

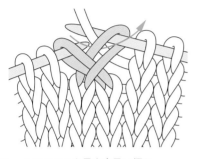

2　1でかぶせた目を表目で編む。

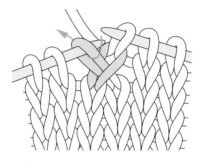

3　次の目を表目で編む。

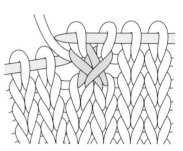

4　1段下の左の目の中に右の目が通って交差した。

 # 左目を通す交差
ひだりめをとおすこうさ

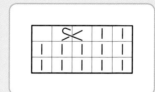

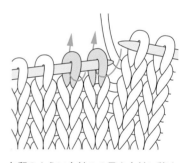

1　矢印のように左針の2目を右針に移す。

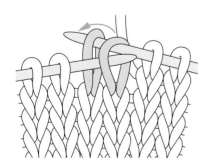

2　移した右の目を左の目にかぶせ、2目を左針に戻す。

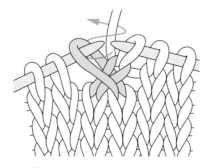

3　戻した2目を順に表目で編む。

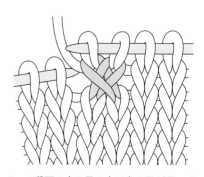

4　1段下の右の目の中に左の目が通って交差した。

すべり目
すべりめ

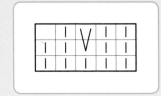

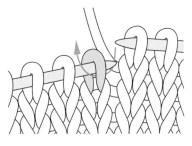

1 糸を向こうにおき、右針を矢印のように入れて編まずに移す。

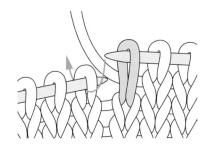

2 次の目を表目で編む。

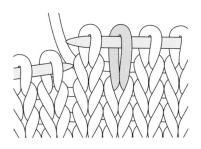

3 すべり目した目は、前段の目が引き上がって、裏に糸が渡る。

 すべり目（裏目）
すべりめ（うらめ）

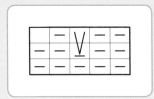

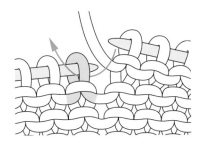

1 糸を向こうにおき、右針を矢印のように入れて編まずに移す。

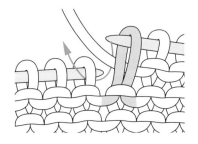

2 次の目を裏目で編む。

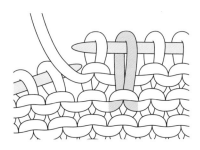

3 すべり目した目は、前段の目が引き上がって、裏に糸が渡る。

浮き目
うきめ

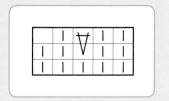

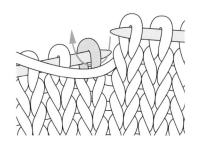

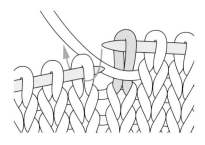

1 糸を手前におき、右針を矢印のように入れて編まずに移す。

2 次の目を表目で編む。

3 浮き目した目は、前段の目が引き上がって、表に糸が渡る。

浮き目（裏目）
うきめ（うらめ）

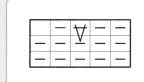

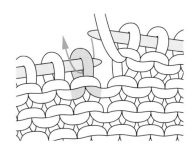

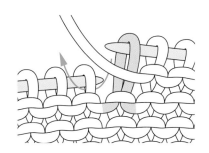

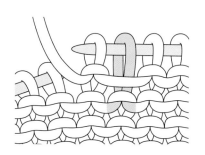

1 糸を手前におき、右針を矢印のように入れて編まずに移す。

2 次の目を裏目で編む。

3 浮き目した目は、前段の目が引き上がって、表に糸が渡る。

引き上げ目（3段）

ひきあげめ（さんだん）

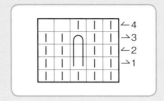

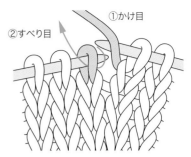
②すべり目　①かけ目

1 記号の1段めは特別な操作はない。図は記号の2段め。かけ目をして、左針の目を編まずに右針に移す（すべり目）。

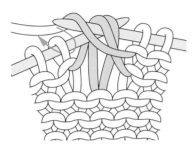

2 記号の3段め。糸を手前において、前段のすべり目とかけ目を右針に移す。かけ目をして、次の目を裏目で編む。

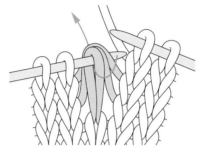

3 記号の4段め。1、2で編まずにおいた3段分の目に矢印のように右針を入れ、3本一緒に表目で編む。

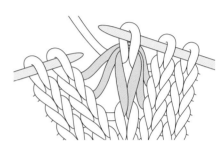

4 目が3段分引き上げられた。

引き上げ目（3段／裏目）

ひきあげめ（さんだん／うらめ）

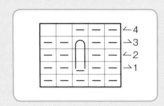

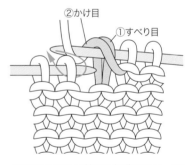
②かけ目　①すべり目

1 記号の1段めは特別な操作はない。図は記号の2段め。糸を手前におき、編まずに右針に移し（すべり目）、かけ目をする。次の目を裏目で編む。

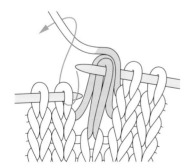

2 記号の3段め。かけ目をして、前段のすべり目とかけ目を右針に移す。次の目を表目で編む。

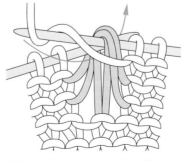

3 記号の4段め。1、2で編まずにおいた3段分の目に矢印のように右針を入れ、3本一緒に裏目で編む。

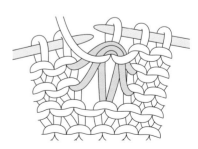

4 目が3段分引き上げられた。

イギリスゴム編み

引き上げ目で編むゴム編みのことを「イギリスゴム編み」といいます。
表目を引き上げ目で編む場合、裏目を引き上げ目で編む場合があります。

表目側で引き上げる編み方

1の段 裏を見て編む段。特別な操作はなく表目と裏目を交互に編む。

2の段 表を見て編む段。端目を裏編みしたらかけ目をし、次の表目は編まずに右針に移す(すべり目)。「裏目→かけ目をして編まずに目を移す」を交互にくり返す。

3の段 裏を見て編む段。引き上げ目の位置では、2の段で編まずに移したすべり目とかけ目を一緒に編む。

2の段と3の段の編み方をくり返す。

裏目側で引き上げる編み方

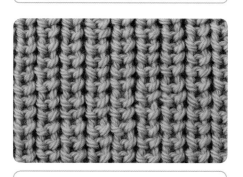

1の段 裏を見て編む段。特別な操作はなく、表目と裏目を交互に編む。

2の段 表を見て編む段。端目を表編みしたら、次の裏目は編まずに右針に移し(すべり目)、かけ目をする。「表目→編まずに目を移してかけ目」を交互にくり返す。

3の段 裏を見て編む段。引き上げ目の位置は、2の段で編まずに移したすべり目とかけ目を一緒に編む。

2の段と3の段の編み方をくり返す。

ねじり引き上げ目

ねじりひきあげめ

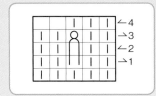

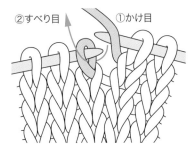

②すべり目　①かけ目

1　記号の1段めは特別な操作はない。図は記号の2段め。目をねじっておき、かけ目をして、左針の目を編まずに右針に移す（すべり目）。

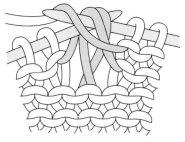

2　記号の3段め。糸を手前において、前段のすべり目とかけ目を右針に移し、かけ目をする。

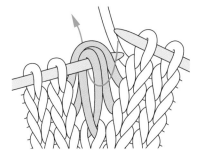

3　記号の4段め。1、2で編まずにおいた3段分の目に右針を入れ、3本一緒に表目で編む。

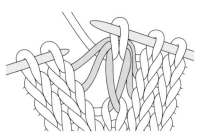

4　目が3段分引き上げられた。

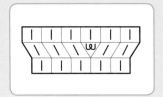

巻き目

まきめ

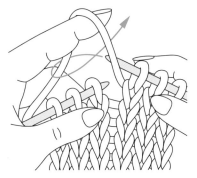

1　矢印のように糸をすくい、人さし指を抜いて糸端を引き締める。

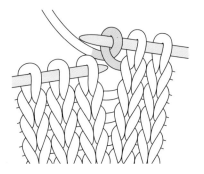

2　右針に糸が巻きついて巻き目ができる。

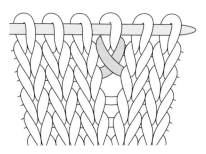

3　次の段を編んだところ。巻き目で目が増えた。

編み目記号事典

● ねじり引き上げ目　● 巻き目

かぶせ目(右)

かぶせめ(みぎ)

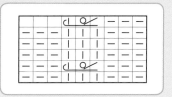

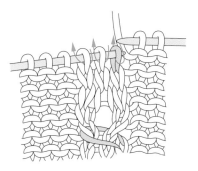

1 表目3目を右針に移す。1目めには手前から、あとの2目には向こうから針を入れる。

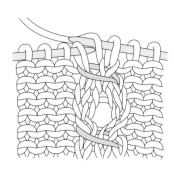

2 1目めを伏せ目(98ページ)の要領でかぶせる。2目を左針に戻し表目を編むが、1目めと2目めの間でかけ目をする。

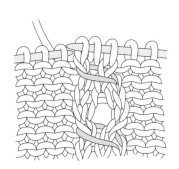

3 かぶせ目が編めたところ。減った目を、かけ目で増し、目数を整えている。

かぶせ目(左)

かぶせめ(ひだり)

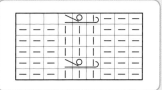

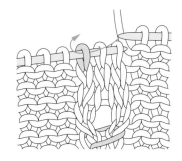

1 表目3目の3目めを右針ですくって、右の2目にかぶせる。

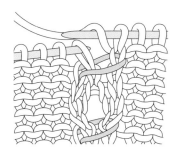

2 表目を編むが、1目めと2目めの間でかけ目をする。

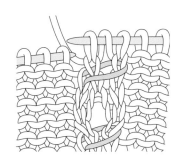

3 かぶせ目が編めたところ。減った目を、かけ目で増し、目数を整えている。

※本によって描き方が違う「編み目記号」は2種類紹介しています。

玉編み目（棒針編み）
たまあみめ（ぼうばりあみ）

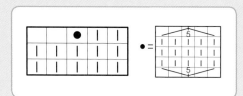

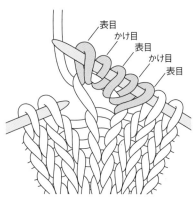

表目
かけ目
表目
かけ目
表目

1 表目とかけ目で5目の編み出し増し目
（124ページ）をする。

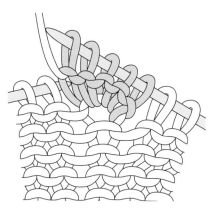

2 編み地を裏にして編み出した目だけを
裏目で5目編む。続けて往復して表目
5目、裏にして裏目5目と全部で3段
編む。

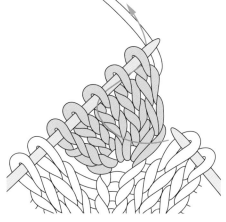

3 右側の3目に右針を矢印のように入れ
て移す。

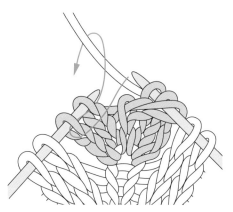

4 残った2目に矢印のように針を入れ、
左上2目一度を編む。

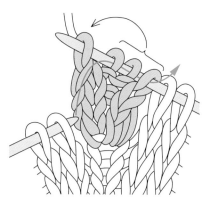

5 3で移した3目に矢印のように左針を
入れて、4で2目一度した目にかぶせ
る。

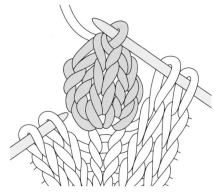

6 玉編み目のできあがり。

玉編み目（かぎ針編み）

たまあみめ（かぎばりあみ）

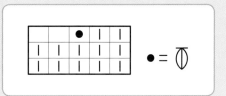

● =

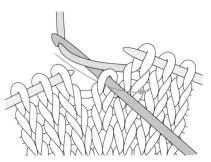

1 前段の目をかぎ針にとり、糸をかけて引き出す。

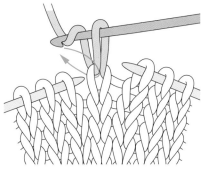

2 玉編みの大きさほどの高さ（1.5〜2段分）までループを引き上げ、糸をかけてから同じ目にもう一度針を入れる。

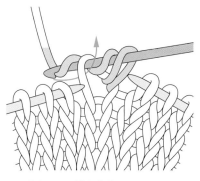

3 糸をかけて引き出す。

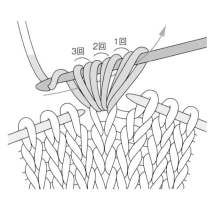

4 2、3を3回くり返し、針に糸をかけ、針にかかっている7本のループを一度に引き抜く。

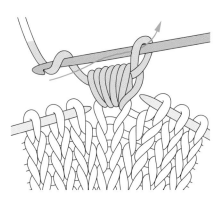

5 もう一度針に糸をかけて引き抜き、目を引きしめる。

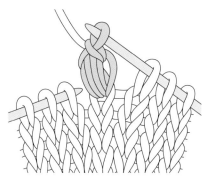

6 右針に目を戻し、玉編み目のでき上がり。

編み出し増し目

あみだしましめ

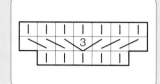

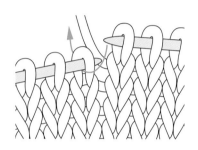

1 糸を向こうにおき、右針を矢印のように入れる。

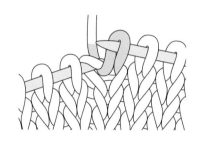

2 表目を編むが、糸をかけて引き出したら、左針は抜かずそのままにしておく。

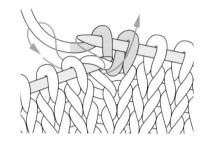

3 かけ目をし、**2** で残した左針にかかった目を表目で編む。

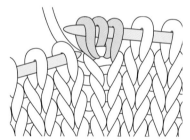

4 前段の1目から3目を編み出した。

編み出し増し目（5目の場合）

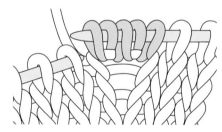

上記1〜3のあとに、同じようにかけ目と表目をくり返すと5目の編み出し増し目になる。

わぁ、本の通りにできた〜 !!

124

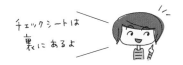
「編みものチェックシート」

の 使い方

作品を編み始める前に、各段の増減目数や模様編みの位置などを書いた
チェックシートを作っておくと、編み間違いが防げます。
裏面のシートをコピーして使ってください。

日付、書籍名、作品名、パーツ名欄

チェックシートは、後ろ身ごろ、そでなどのパーツごとに使用します。書籍名、作品名、日付も書いておくと、もう一度同じ作品を作りたいとき、直したいときなどに便利です。

増減目数欄

編み始める前に、増減目する目数を、右端、左端に分けてあらかじめ書いておきましょう。

メモ欄

模様編みなど、増減目以外の操作や位置、1段の目数など、確認したいことを自由に書き込みましょう。

チェック欄

段の編み終わりや増減目等の操作が終わったら、チェックをつけましょう。両端で異なる操作をするものは、左右のチェック欄を使い分けても。使いやすい方法で活用してください。

編みものチェックシート

コピーして使ってね！

日付　　／

書籍名／作品名

パーツ名（身ごろ、そでなど）

左側		チェック ✓	段数	チェック ✓	右側	
メモ	増減目数				増減目数	メモ
			50			
			49			
			48			
			47			
			46			
			45			
			44			
			43			
			42			
			41			
			40			
			39			
			38			
			37			
			36			
			35			
			34			
			33			
			32			
			31			
			30			
			29			
			28			
			27			
			26			
			25			
			24			
			23			
			22			
			21			
			20			
			19			
			18			
			17			
			16			
			15			
			14			
			13			
			12			
			11			
			10			
			9			
			8			
			7			
			6			
			5			
			4			
			3			
			2			
			1			

左側		チェック ✓	段数	チェック ✓	右側	
メモ	増減目数				増減目数	メモ
			100			
			99			
			98			
			97			
			96			
			95			
			94			
			93			
			92			
			91			
			90			
			89			
			88			
			87			
			86			
			85			
			84			
			83			
			82			
			81			
			80			
			79			
			78			
			77			
			76			
			75			
			74			
			73			
			72			
			71			
			70			
			69			
			68			
			67			
			66			
			65			
			64			
			63			
			62			
			61			
			60			
			59			
			58			
			57			
			56			
			55			
			54			
			53			
			52			
			51			

キリトリ線

編み上がり
なぜ今気づく
右手2個

左右対称のパーツに注意！

手袋やカーディガンの前身ごろのような左右対称のパーツは、編み図では片側しか描かれていません。図の通りに2つ編むと、片側ばかり2つできてしまいます。慣れないうちは、編む前にあらかじめもう一方の図や目数をメモしておくなど、間違いを防ぐ工夫をするといいですね。

127

監修

松村 忍（まつむらしのぶ）
デザイナー・クラフト作家

ニットデザイナーきゆなはれるの夢民舎にて、
ものづくりを学ぶ。
手芸雑誌、書籍での作品発表、手芸メーカーへ
の作品デザイン提供、子ども手芸教室など「手
作りの価値の向上・オリジナルのもの作りの応
援」をテーマに、さまざまな活動を展開。
また、新進作家の誌上ギャラリーをコンセプト
とするミニコミ誌[hao]（ハオ）の代表として、
小冊子を年1回発行。本誌にてセーターデザイ
ンを担当したshizuka、編み地作成担当のまる
ちゃんも[hao]を通じて一緒に活動する作家メ
ンバーであり、誌面づくりを越えて、作品展、
セミナーなども不定期に開催している。

[hao]ウェブサイト
https://hao-since1999.com

糸・用具提供
ハマナカ株式会社
〒616-8585
京都市右京区花園薮ノ下町2番地の3
TEL 075-463-5151（代表）
http://www.hamanaka.co.jp
info@hamanaka.co.jp

用具提供
クロバー株式会社
〒537-0025
大阪市東成区中道3丁目15番5号
TEL 06-6978-2277（お客様係）
https://clover.co.jp

清原株式会社
〒541-8506
大阪市中央区南久宝寺町4丁目5番2号
TEL 06-6252-4735
https://www.kiyohara.co.jp
（メジャー／7ページ）

※この本で紹介している糸、用具は、
2021年8月時点で流通している商品
です。予告なく廃番や変更になる場
合があります。

Staff
撮影（作品）　　　落合里美
　　（プロセス）　中辻 渉
イラスト　　　　　宇田川一美
編み地イラスト　　遠藤和恵
トレース　　　　　八文字則子　ダイス
　　　　　　　　　白くま工房
校正　　　　　　　明地恵子
ブックデザイン　　ohmae-d
動画撮影　　　　　峰 一郎
構成・編集　　　　山本晶子
編集協力　　　　　海老原順子
　　　　　　　　　シーオーツー（松浦祐子）

撮影協力
アワビーズ

新版 棒針編み困ったときに開く本

2021年10月15日　初版発行

監修者　松　村　　忍
発行者　富　永　靖　弘
印刷所　株式会社新藤慶昌堂

発行所　東京都台東区　株式　新星出版社
　　　　台東2丁目24　会社
　　　　〒110-0016　☎03(3831)0743

© SHINSEI Publishing Co., Ltd.　　　Printed in Japan

ISBN978-4-405-07341-8